保険代理店成長モデル

仕事のやり方で生産性が上がる

目次

第7章 より高い生産性を目指して

はじめに

この本は2015年の秋から2016年の秋までの1年間、保険代理店向けメールマガジン「インスウオッチ」の連載をもとにしています。今までの私の寄稿は、私が見つけたものを私なりにまとめたものが多く、読み手にとって分かり易いかどうかは二の次だったように思います。

この本のもとになった連載では、私の経験と周りの反応をエッセイ風に書きました。その結果、思いもかけなかった人々から「読んでますよ」と、多くの声をいただきました。また、資料請求もありました。もしかすると、以前よりも多くの方が目を通していただいているのかと思い、その内容を本の形にまとめたほうがいいかもしれないと思ったのが出版の動機です。

私は日本IBMに入社以来、保険業界担当の部門に所属したせいで40数年にわたり保険業界とお付き合いをしています。最初の15年は個別の保険会社を担当していましたので、業界動向にはあまり関心がありませんでした。そのあと、保険部門の営業企画や営業部長を担当し、業界動向をウオッチすることが仕事になり、少しずつ業界動向に関心を持つようになりました。とくに保険の自由化の頃、IBMが事業の再編成を行い、保険部門がグローバルな事業部となり、各国の保険担当者との交流が始まりました。日本の保険会社の方たちも自由化後の保険業務についての情報を必要としていた関係で、私たちが共有していたグローバルな情報が価値の高いものになりました。そのことが、世界の保険業界の動向理解に相当役に立ち、一時期は、自分が日本で一番、世界中の保険情報を持っているなどとうぬぼれた時もありました。しかし実際には表面的な情報でしかなく、少し突っ込まれるとしどろもどろという状態でしたが、それでも広範囲に情報を持っていました。

その時にいろいろなことを知り、自分なりに考えました。日本の保険業界とアメリカの保険業界の違い、自由化が影響する保険会社の経営、当時のＩＴシステムの役割の限定性といったことがわかり、自分の得意な分野とこのような情報とをどう組み合わせていくのがいいのか、そういうことを考えていました。

私は40代半ばで、自分はライン業務には向いていないということを感じていました。ライン業務よりも専門職の方が自分の能力にあっている、と思われる出来事がたくさんあったからです。その中でも、日米の保険業界の違いを分析して発表した私の『21世紀の保険システム』（保険毎日新聞社、１９９６年）をまとめたことが決定的な影響を与えてくれました。どうも、自分はほかの人たちとは異なる見方をしているらしい、データを見るとほかの人には見えない何かが見えてくることがあり、そのことを文章にすると結構価値のある情報になる、そういうことを体感しました。ラインで上に行くことは性格上むつかしいと感じていましたので、自分の新しい可能性に賭けてみようと、漠然とではありますが思い始めたのだと思います。

日本ＩＢＭを50代の初めにやめて、保険業界と本格的にお付き合いするようになりました。その時、保険代理店に焦点を合わせようと思ったのは、保険代理店が保険会社から独立した存在で、現場の事務や営業のことを直に調べるハードルが低いということが理由です。それまでにも、代理店から直接、講演を頼まれることもあり、代理店との付き合い方は少し経験していました。その頃「リングの会」*のアドバイザーになり、代理店との距離はさらに近くなりました。そういうこともあり、保険業界の顧客接点の一つである代理店の現場を調べることができるようになりました。そして、１年間に８つの代理店の事務活動と営業活動を現場で調べました。そのことがその後の活動に決定的な影響を与えました。それは、現場の活動を言語化している事例が、日本には存在していない、ということです。保険に関わる多くの情報に目を通しましたが、現場の活動にどんな問題があり、その原因は何で、そのことが経営にどんな影響を与えているか、という情報は見つけることができませんでした。

＊リングの会：保険代理店の自主的情報共有の組織。一般社団法人。詳しくは https://ring-web.net/ を参照。

現場の活動を**見える化**し、代理店の経営に貢献できるような何かを作り出したい、ということが私のテーマになりました。自分がやっていることを表す言葉を探し、「業務プロセス研究所」という会社を立ち上げました。私が行っていることは、代理店の日常活動を、業務プロセスという言語で**見える化**することです。そのことで実に多くのことが見えてきました。

最初は仮説でしかなかったものが、経験を重ね、データを集めるに従ってある種の法則のようになる、ということをこの15年で経験してきました。山ほどの失敗もしました。失敗することで本質的なことがより分かるようになったこともあります。仮説が上手く証明できたと思っていても、それを覆すようなデータが出てきて、仮説を手放さなければならないこともありました。

この本では、今まで述べてきたような経験談を書き連ねています。皆様の身近なテーマもあれば、少し抽象的でついていけないというテーマもあると思います。気に入ったものだけ目を通していただければ結構です。今までの業界常識とは異なっていることが多くありますので、それなりのお役に立てるかと思っています。

第1章　代理店成長モデルを考えるようになった背景

1　アメリカの保険会社の成功要因分析が出発点

1990年代はじめ、日本は世界2位の経済大国になりました。多くの経営者が日本式経営を謳歌しており、日本は自信に満ちていました。保険業界もその流れに乗り、〝ザ・セイホ〟という言葉まで生まれました。その頃、保険会社のシステム部長（現在のIT企画部長）の方々と話をする機会が結構ありましたが、皆さん、日本の保険業は世界のトップクラスで、世界から学ぶべきことはもうほとんどない、と言われていました。

本当にそうなのか、という疑問が芽生え、その頃仕事が暇だったこともあり、きちんと調べてみようと思い立ちました。

アメリカの保険業界で、長期的に成功している会社の戦略や活動を分析してみようと考えたのです。その会社が日本と同じようなやり方をしているのか、もし異なっていたとしたら、それは日本よりも遅れているのかそれとも日本に先行しているのか、このあたりのことが分かれば、日本が世界に学ぶべきものはないかどうか分かると考えたのです。

そのために膨大な量の情報に目を通しました。大学受験以来と思えるほど勉強した感じでした。

結果は、日本は世界に学ぶべきことがまだたくさんある、ということでした。アメリカで成功している会社は

図１　成功し続けている保険会社の共通点

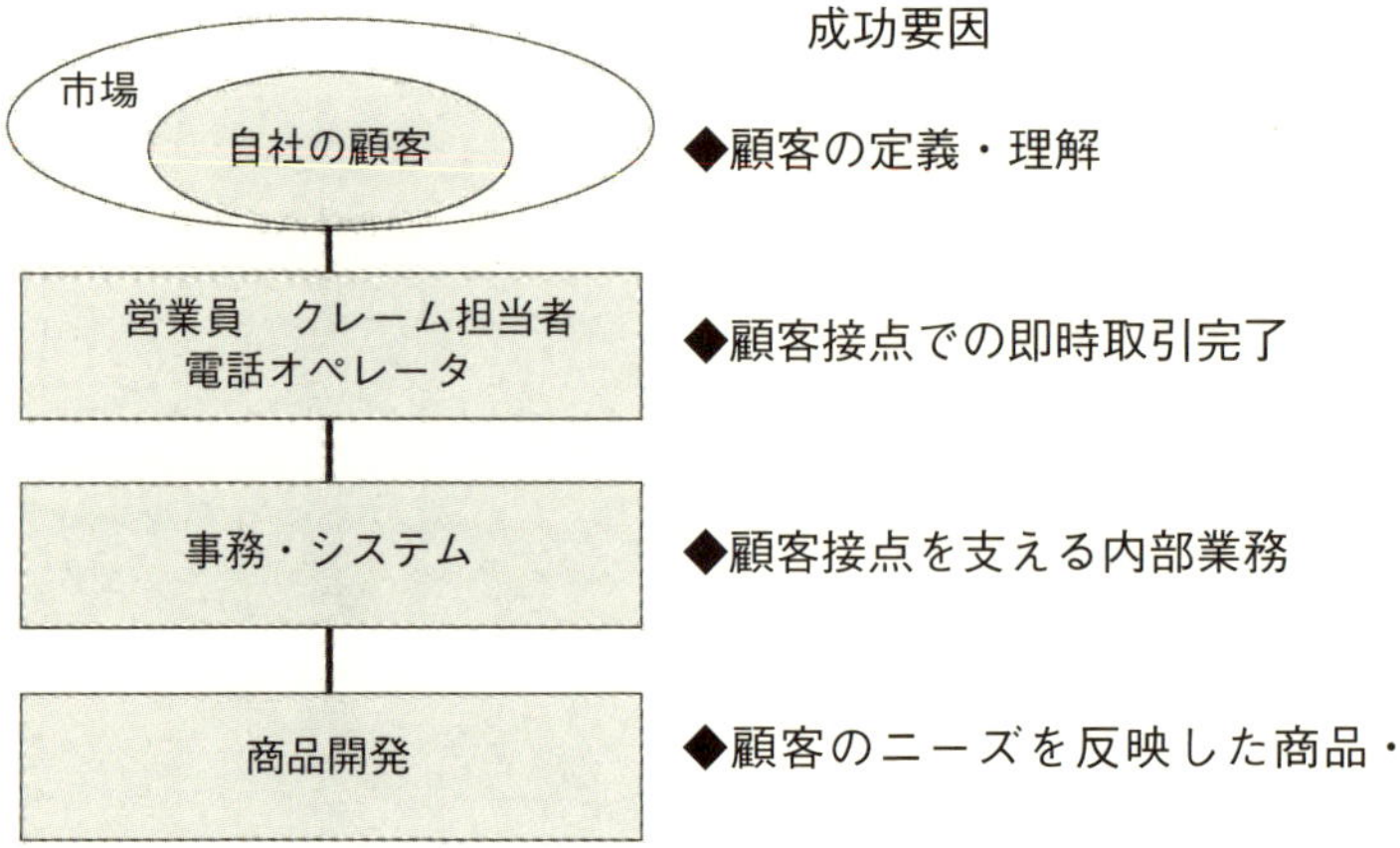

（1984 〜 1993 年の 10 年間の米国生損保上位 100 社調査より）

自由化後の世界で戦っていました。保険は規制産業ですから、アメリカにもそれなりの規制はありますが、日本に比べると原則で規制しており、個別の活動では保険会社の自由度がある、という感じです。自由競争に近い状態ですので、成長している会社は独自の戦略と活動を築いていました。

毎年公表される生保損保上位１００社の順位表を、10年間並べ、一度も順位を下げずに10年間順位を上げている会社を選びました。業界全体で13社あり、その中で戦略と活動を築いている会社をアメリカのＩＢＭに調べてもらい、６社に絞り込みました。その６社の戦略と活動をベスツレビューという保険の経営年鑑で調べ、共通の成功要因を特定しました。

「自社の顧客を定めている」「その顧客の求めている商品を開発している」「顧客接点で保険取引を即時に完了している」という三つが共通の成功要因でした（**図１**）。

この分析結果を１９９５年の春から10回ほどの連載で保険毎日新聞に寄稿しました。思いがけず、驚くような反響がありました。保険会社、共済、代理店、アクチュアリー会、労組等からひっきりなしに講演の依頼がありました。２年間で30回ほど講演したのではないかと思います。無名の一会社員が思いもかけず多くの人から認められる存在になったのです。

なぜ、このように多くのところから講演依頼が来たのか。おそらく、日本とアメリカの違いをこのような観点で整理した事例がなかったからでしょう。また、ジャパン アズ ナンバーワンと言われているけれど、どこまでこの状態が続くのか、途切れるとしたらその先はどうなるのかという不安が業界にあったからではないかと思っています。

さて、このような成功要因を日本で適用できるのか。当時の保険業界の方たち（主としてシステム部長）からは、保険会社としては採用がむづかしいのではないかという反応でした。とくに、顧客を定めるということに関しては、当時の大手保険会社の戦略と異なっていたからだと思います。しかし、顧客接点における即時取引完了は可能性があるのではないか、また、そもそも顧客接点における即時取引完了は日本ではどう取り扱われているのか。このことが、保険代理店の実務活動分析につながっていったような気がします。

２０００年から２００１年にかけてリングの会メンバー８店の実務分析を行い、日本の保険代理店においては、一部を除いて、顧客の選定も顧客接点における即時取引完了も行われていない、ということが分かりました。その代わり、代理店の業績は仕事のやり方に大きく影響されている、ということが分かりました。顧客層も保険商品も代理店による差はほとんどなく、違いがあるのは仕事のやり方だったのです。一部の代理店は、お客様を選んでいて、お客様に適した商品選定を行っており、高い生産性を上げていましたので、顧客を定めることは日本においても効果はあると考えましたが、ほとんどの代理店は地域密着でその地域のすべての人をお客様にしていましたので、生産性に影響を与える最も大きな要因は仕事のやり方だと考えたわけです。

こういったことが少しずつわかってきたので、自分が目指すのは、まず代理店の仕事のやり方を生産性の高いやり方に変える方法を見つけることだとしました。そしてそのあとにお客様の選定や顧客接点における即時取引完了に着手しようと考えました。

いまでも、長期にわたり成長している会社の成功要因は間違っていないと考えています。徐々にではありますが、日本の保険業界においてもこの成功要因を適用して成功した事例が増えてきています。しかし、まずは保険業界の仕事のやり方を変えていく、ということで私の仕事がスタートしました。

2 仕事のやり方で生産性があがる

仕事のやり方で生産性が上がる、というのはいかにもありきたりの話です。当たり前の話ではないかと思われる方も多いのではないかと思いますが、新聞の記事ではそうなっていません。会社の業績がいい理由は、ほとんどすべての記事では、商品によるものだと書いてあります。市場を分析して、今までの商品では満たせなかった顧客の要望を取り入れた商品もしくはサービスが市場のニーズに合った、という書き方がほとんどです。少なくともメディアは成功要因として商品・サービスを念頭に置いています。このことが影響して、日頃の話も、商品やサービスが会社の浮沈に与える影響を話すことが多く、仕事のやり方を話すことはほとんどありません。

なぜ仕事のやり方が注目されないのか、メディアはなぜ仕事のやり方を取り上げないのか。それは仕事のやり方を言葉で表すことがむづかしいからです。というよりも仕事のやり方を調べることもデータとして蓄積することもやっていないからです。

したがって、いきおい、自社の業績が悪いのを環境や商品といった外部要因に求めがちになります。そのほうが納得できる原因が見つかりやすいからです。しかし、本当にそうでしょうか。

私が前職で仕事をしていた頃、よく、売れない営業員が売れている営業員をさして、あいつはお客様に恵まれていると陰口を叩いているのを耳にしました。しかし、その人が担当替えで売れているお客様を担当するとやはり売れないのです。売れていた営業員は売れないお客様を担当しても相変わらず売れています。同じ商品を売っていて、同じお客様を担当しながら片やいつも売れ、片やいつも売れないというのは、明らかに外部要因ではなく内部要因が原因になっています。

その中でいくつか気づいたことがありました。それは、お客様に導入されている自社製品の仕様のまとめ方、お客様のニーズのつかみかた、お客様への提案のまとめ方などが、売れる人と売れない人で異なっているということです。接客のやり方や接待のやり方などはほとんど差がありませんでした。

保険代理店の実務分析を続けていると、同じような顧客層で同じような商品を売っているのに、生産性（従業員あたりの売上）に大きな差があることがわかります。生産性には外部要因（お客様、地域、商品、景気など）は関係なく、ほとんど内部要因が影響する、ということを強く思いました。内部要因には社長の心の持ち方（やる気、モチベーション、目標設定など）と従業員の仕事のやり方があると考えています。私が得意とするところは業務プロセスですので、社長の心の持ち方にはタッチせず、仕事のやり方に着目しようと考えました。

代理店における仕事のやり方は、内務事務、顧客接点活動と大きく二つに分けることができ、内務事務はさらに、事務処理の品質・効率、事務員と営業員の役割、顧客情報の活用と三つの要素に分けることができます。内務事務をこの三つに分けることができるということが分かったのは、この仕事を始めてしばらく経った頃ですが、数百の事例経験（私だけでなくほかの人がやった物も含めて）をつうじて、正しい分け方だと考えています。

通常、仕事のやり方という場合の仕事とは、内務事務のことを指すことが多いと思います。顧客接点活動は営業力と言われることが多く、仕事のやり方とは別次元で語られることが多いのですが、私は営業力も仕事のやり方という言葉で説明できると考えています。それはさておき、この本ではまず内務事務の仕事のやり方について考えていきたいと思います。

日本ＩＢＭで仕事をしていた頃は、生産性は営業力と技術力で決まると思っていました。恥ずかしいことですが、私も内務事務は生産性にはほとんど影響しないと思っていたわけです。当時のＩＢＭではそれが普通の考えでもありました。しかし、今考えると、内務事務がしっかりしているからこそ、営業活動もスムーズに行えたのだと考えるべきでした。内務事務の人に相談することは出荷に関することくらいでしたが、お金回り、機械の保全関係に関しては事務の人が行っており、営業を煩わすことはありませんでした。営業が営業に専念できていたわけです。ありがたい環境だったと思いますが、内務事務の捉え方の一面として、できて当たり前、空気のような存在ということも否定できません。つまり、なかなか陽が当たらない役割だったということです。

保険業界、とくに損保は内務事務の占める割合が大きく、内務事務に関する仕事のやり方は代理店の経営に大きな影響を与えます。しかし、内務事務に関する情報は少なく、代理店の社長はただ眺めているだけでなにも手が打てない、保険会社も計上のやり方については情報を持っていますが、代理店内務事務の大半を占める顧客事務に関してはほとんど情報を持っていませんでした。つまり、代理店の内務事務は社長からも保険会社からも野放しの状態にあったわけです。

私が代理店実務のヒアリングを通して感じたことは、事務員の顔が明るくゆとりがある代理店は、事務効率化が進んでいて、事務員の役割が広く、お客様の情報を営業員と事務員とで共有しているということでした。そして、そのような代理店は間違いなく生産性が高かったのです。代理店の生産性を変えるのは商品や地域や景気といった外部要因だけではなく、従業員の仕事のやり方という内部要因も大切だと思いました。当時、多くの人から、代理店の力は営業力で決まる、と聞いていましたが、実態はどうも違っているな、と考えたことを覚えています。

こういうことで、代理店の仕事のやり方を見える化したり、生産性との関係をデータで表したり、仕事のやり方をどういう順番で変えていけばいいのかというようなことを研究したり、ビジネスとして成り立たせたりしたわけです。

3　成熟市場では戦い方が変わる

日本の保険業界は１９６０年代のモータリゼーションから１９９０年代のバブル崩壊まで、長い間、成長が続いてきました。この間、研修生から始めて市場を開拓してきた代理店の人たちは、成長市場における戦い方を身につけました。そのやり方は２０００年頃まで有効だったように思います。しかし、２０００年頃から状況が変わってきました。

保険市場が成熟市場になってきたのは１９９０年代の終わり頃のように思います。その頃、私は共済系の研究所の研究会に参加していました。そこには地方の組合理事や、大学の先生が参加されていて、私なんかは未熟者で私が参加してもいいのかな、と思っていました。私はＩＢＭで保険事業部の営業企画で仕事をしていて、市場動向を調べて、商品の位置づけやお客様への提案分野の特定といった活動をしており、マーケティングマネジメントの方法を現場で適用することが多かったのです。マーケティングマネジメントでは市場の動きを最重要視します。市場に出す商品は、市場と商品との関係を、導入期、成長期、成熟期、衰退期で表します。この、どの段階にあるかで戦略が変わるのです。

２０００年頃はまさに保険業界は成長期から成熟期に転換する頃でした。そのような指摘をその研究会で話したところ、私以外の参加者は、驚きと賞賛の反応を示しました。その共済ではそういうことを考えたこともなかった、ということで、成熟期の戦略に興味を示してくれたことを覚えています。

２０００年頃、私は代理店の事務や営業活動の分析を現場で行っていました。当然代理店の社長と話す機会も多く、代理店の社長の価値観を直接聞いていました。同意できる話もありましたが、全く同意できない話もありました。同意できない話の最たるものが、営業力とは新規開拓力だというものです。すでに、保険市場は成熟期に入っており、ほとんどの消費者は複数の保険に入っていました。そういう市場において、契約者のメンテナンスに時間を費やすよりも、新規開拓に営業時間を費やさなければならない、契約者の保全はできて当たり前で、それは営業力ではない、と多くの代理店の社長が話していました。そして、保全は得意だが新規開拓は不得手な営業員にいつも不満をぶつけているのです。その結果多くの有為な人材が代理店を去って行きました。

その頃、横浜市都筑区にある、代理店「ライフプラザ」の今野社長から営業活動分析を頼まれてお付き合いをするようになりました。まだ、来店型を本格始動していない状況でしたが、来店型営業に強い魅力を感じておられたのです。それは、チラシや地域紙に広告を載せ、遠慮なく保険相談においでください、おいでになる時は前もって予約を取ってください、という広告でした。この広告にその地域の若いサラリーマン世帯が反応したのです。

これは、保険の営業からドアノック活動を外してさらにニーズ喚起も外し、ニーズ確認から活動を始めるというものでした。要するに、保険にはある程度入っている世帯が、自分の入っている保険が自分に適しているかどうかを相談したいというニーズが強くあった、ということです。今野社長はこの状況を把握し、その後この戦略を進め、来店型ショップ「ほけんの窓口」を全国展開し、ご存知のとおり巨大な乗合代理店を築いて行きました。

成熟市場の特徴の一つに、既存の商品に対する情報量の多さと、自分の購入商品に対する適切な助言を求めることが挙げられます。まさに、この時期の市場は既契約の評価と相談を求めていたのです。

一九八〇年代の終わり頃にＣＲＭ（顧客リレーションマーケティング）という考えが世の中に広まっていきました。その考えを象徴する言葉に「新規開拓は既契約者からのリピート販売の５倍のエネルギーを必要とする」

というものがあります。日本の保険市場も１９９０年代の後半からそういう市場に変わっていたのです。つまり、成熟市場では、新規開拓よりもリピート契約獲得に力を入れたほうが、戦略として適切である、ということです。

しかし、当時の代理店の社長のほとんどはこの状況を認識していませんでした。また、保険会社もこのことを認識していませんでした。相変わらず成長市場における戦略をそのまま使っていましたが、競合相手も同じような状況だったので、今までのやり方を変えずにいても大きな影響がありません。したがって、最近に至るまで保険会社と代理店の営業のやり方は大きく変わりませんでした。

その間に何が起きたかというと、来店ショップの全国への浸透、業界外企業の新規参入です。これらの会社は新規参入組ですから、導入期もしくは成長期の戦略ですが、市場のニーズに合った、すなわち保険を相談したいというニーズにあったやり方をしたため、市場がそれなりの評価をしたわけです。

専業代理店の市場は、多くの既契約者から成り立っています。その方たちも保険の相談というニーズを持っています。専業代理店の特徴は、お客様との長期にわたる取引継続、という独特のビジネスモデルを持っているということです。毎年の更改は、それなりの時間を要しますが、お客様が違和感なく会ってくれるという強力なメリットを持ったものです。そのことを活用して、成熟市場が求めている、自分が入っている保険の評価と、保険相談というニーズに対応することが、成熟市場における戦略になると考えています。実際に、この10年多くの代理店をヒアリングして、成功している専業代理店の事例はこのことを裏付けている、ということを感じています。

この本では、成熟市場における戦い方を支える仕事のやり方、すなわちお客様の既契約評価と、お客様からの相談ニーズへの対応に焦点を当てていくことにしています。

4　米国保険の影響と日本の独自性

日本の戦後の産業や生活は米国の影響を色濃く受けてきました。現在は米国の状況について客観的に見られるようになってきましたが、一時期は日本人の多くが米国に憧れ、米国に学ぶという風潮がありました。保険業についてはどうでしょうか。

私は日本ＩＢＭに勤めている時から保険事業部に所属し、産業別に分かれた組織での異動が少なかったせいもあって、30年ほど保険業界を担当しました。ＩＢＭでは米国の保険業界におけるシェアが高く、米国で起きていることを日本に紹介することが、それなりに価値が有るものだと受け止められていました。10年ほど事業部の営業企画にいて、市場の動向分析や製品・サービスの適用分野をどこにするかという戦略立案の仕事をしていた関係上、米国の動向に関する情報に比較的数多く接していました。そのような背景をもとに、米国の保険事情が日本に与えた影響を、私の解釈を含めてご説明いたします。同時に、日本の独自性についても述べたいと思います。

まず、業界の構造ですが、大手保険会社は何らかの意味で米国の保険会社をモデルにしていると考えています。メットライフ、プルーデンシャルは生保のモデル、ステートファーム、オールステートは損保のモデルです。とくに、ステートファームをモデルとした損保業界は、米国の損保構造と異なる発展をしてきたと考えています。ご存知のように、米国の損保は個人市場と法人市場がほぼ同じ大きさです。しかし、ステートファームは専属代理店制をとっており、個人市場に特化しています。日本の大手損保会社は、専属制を志向しており、市場もまた個人市場を中心にして成長してきました。その結果、日本の損保市場は個人市場が大きく法人市場の４倍程度あります。これは欧米の損保市場にはない日本独自の構造だと思います。

生保は逆に、組織としてまとまりが強い日本では、団体保険や団体扱いが浸透していますが、それでも個人保険のウェイトが大きいのは米国と同じです。

ステートファームという会社は、自動車保険を得意としている会社です。もともと、きわめて高かった自動車保険の保険料を、「地域のよきアメリカ人」を対象にして保険料を抑え、会社の方針に忠実な専属代理店による営業施策で成長を遂げ、米国一の損保会社になりました。この会社には多くの日本の会社が勉強に行っています。私もＩＢＭ時代はステートファームの情報を保険会社から依頼され、米国に何度も問い合わせをした記憶があります。

自由化以前の日本の保険は算定会料率と呼ばれる統一料率だったので、ステートファームのように他社より安い保険を販売するわけにはいきませんでした。自由化により、料率設定や、手数料率設定が各社ごとに決められるようになると、にわかに料率をどうするかということが大きなテーマになり、やはり、欧米事情を調査研究するようになりました。

その時にクローズアップされたのが手数料率の低さです。とくに主力の自動車保険においては、手数料率が日本の半分近くだったわけです。このことは、私のように業界外部の人間でなんの利害関係もないため、代理店に対して、米国では手数料が半分だという、データ提供の役割に使われたように思います。その結果、保険会社主催の代理店向け講演会に数多く講師として招かれ、手数料率の違いを説明したことを覚えています。

とはいえ、このことが先進的な代理店に危機感を与え、そういう代理店が生き延びる手立てを研究し始めたと思います。私が関係している「リングの会」でも、このテーマが数年にわたり最大の関心事だったことがあります。

そういう時に、ハワイで保険代理店として成功している野口英夫さんが、代理店活動の考えや仕組みを日本に伝えました。野口さんの影響はかなり大きく、ハワイに行って現場を勉強するという代理店や保険会社が数多くあり、野口アカデミーという組織ができたほどです。私も野口さんの活動に影響を受けた一人です。野口さんを通して、米国の独立代理店のオペレーションを理解していきました。ひとにぎりかもしれませんが、日本の保険業界に大きな影響を与えた出来事です。

先進的な代理店の危機感はその後も続き今に至っています。手数料率の削減は必至のことだと誰もが考え、そのための準備を自ら行っています。このことが日本の代理店業に与えた影響は大きかったと思います。

話は戻りますが、米国においては、個人分野は専属代理店、法人分野は独立代理店と得意分野が分かれています。日本は専属制をとり、個人分野を主市場としたため、法人分野に関するノウハウが不足しています。個人市場の大きさは、米国と比較すると妥当な大きさだと思われますので、法人分野の市場規模が相当小さいということになります。逆に言えば、法人分野はまだ大きな潜在市場であるということです。

米国損保の代理店システムは独立代理店を対象に発展してきました。米国の独立代理店はブローカーと代理店の両方を兼ねています。手数料は保険会社から貰いますが、アンダーライティング*は代理店がおこない、代理店のアンダーライティングの結果を引き受けてくれる保険会社を探す、というのが独立代理店のマーケティングです。このような活動を支援する目的で代理店システムが作られているため、日本の代理店システムとは機能が異なっています。このため、米国の代理店システムは日本市場に参入しても成功しないのです。

*アンダーライティング：保険引き受けの可否判断

このように、日本の代理店システムは、米国の保険業を日本のモデルとして適用しながら、日本独自の展開の中で日本にあったものだけを残していくという過程を経てきたものだと思います。とはいえ、手数料率の低下はいずれ現実的なものになる、と誰もが思っていますので、低い手数料率での米国の仕事のやり方は、まだまだ参考になるのではないかと考えます。

5　なぜ代理店成長モデルを考えるようになったか

私は代理店成長モデルという、代理店の仕事のやり方の枠組みと活動方法を提唱しています。代理店成長モデルとは何か、ということはおいおい説明していきますが、ここではその事を考えるようになったきっかけをお話しします。

私が日本ＩＢＭにいた１９８０年代の後半、銀行も保険も営業現場の活動状況をつかむための手法に強い関心を持っていました。銀行では窓口担当者の動きを一日中ビデオで撮って、ひとりひとりの動きを追いかけて、分析します。これを動線分析と呼んで、無駄な動きをなくすためのツールとして使っていました。保険では、ＡＴＴ（アプリケーション・トランスファー・チーム：業務活動を見える化する手法）という、現場におけるヒアリングをもとに、現場の活動を、情報・手順・役割で表す業務フローを作る手法がありました。これらのやり方は現在でも使われています。銀行のやり方は大掛かりで作業量も多いため、徐々に保険で行っていたやり方が主流になっているようです。*

＊現在、ＩＴ化を行うときには、ＩＴ化の対象業務をデータモデル化するという活動を行います。データモデル化するやり方とＡＴＴは酷似しており、ＡＴＴの手法を身につけた要員がデータモデル化を担当する時代がありました。

私もＡＴＴという手法を学びました。いくつかの保険会社の支社の事務作業をこの方法で分析し、手作業からＩＴシステムに移るときに作業のやり方がどのように変わるか、作業量はどのくらい減るのか、といったことを分析しました。

そういう経験をもとに、２０００年から代理店の事務作業の分析を始めました。この分析は、事務担当者の日常活動を丹念にヒアリングしたり、営業担当者と事務担当者の接点作業についてヒアリングしたりするものです。

その結果、当初の想定とは異なった事実が分かったり、想定したことを裏付ける事実が分かったりしました。そういうことをまとめてみると、代理店の業績に、代理店における仕事のやり方が大きな影響を与えている、ということが分かりました。その中のいくつかについてお話しします。

まず感じたのは事務力についてです。事務力というのは事務員の実務能力を指します。代理店の規模が一定以上になると、代理店の業績を支えるのは営業力よりも事務力だということです。表面的には営業力が重要だと思われがちですが、実態を調べてみると、事務担当者の日々の丁寧な作業が代理店のパワーになっているのです。たとえば、申込書の記述方法ですが、事務担当者は経験をもとにどこに誤りが起きやすいのかを知っていて、その箇所に付箋を貼ったり、マーク付けをやったりして注意を促します。こういう、何気ない作業がいたるところにあり、契約者はそのようなことでこの代理店は信頼できる、と思うのです。

次に、事務が不安定な代理店は何をやってもうまくいかない、ということでした。どんなにいい企画を持っていても、事務が不安定だとそちらの作業に足を取られ、新たなことができないのです。事務の重要性はここにもありました。

業績のいい代理店に共通していることは、事務担当者が明るく、ゆとりがあり、営業担当者との会話が多い、ということです。このことは、ゆとりの重要性と、営業と事務との情報共有の重要性を表しています。

損保・生保両方を販売している代理店もいくつかありましたが、その作業量を比べてみると、同じ手数料に対し、損保は生保の十倍の作業量を必要としていました。損保の事務はそのくらい量が多いのです。また、損保の事務を詳しく見てみると、お客様にとって価値の低い作業が半分以上を占めていました。私はこの時、付加価値の低い作業はいずれなくさなければならないと思いました(図2)。さいわい、その後の保険会社のシステム化や商品・

図２　事務作業内訳

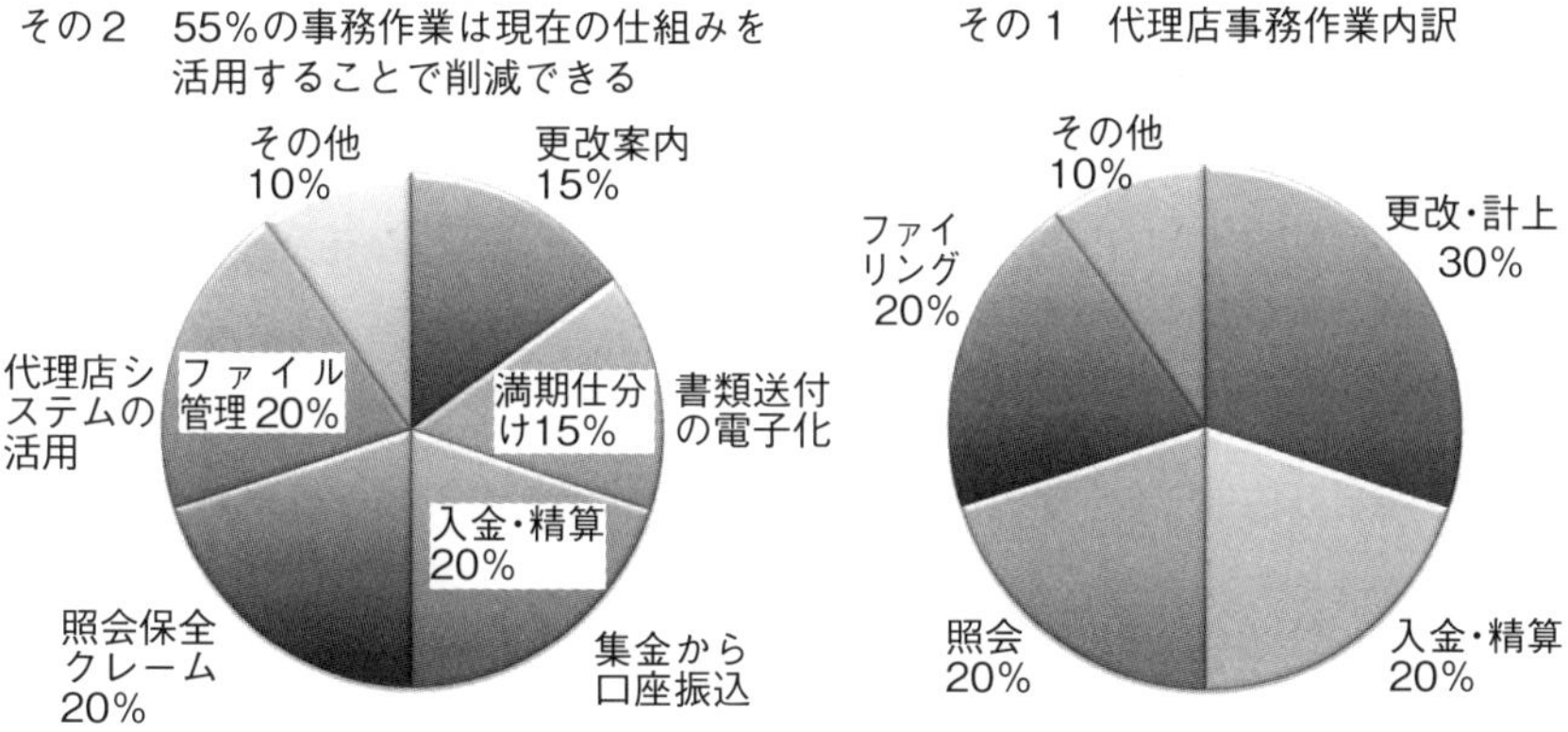

事務の改善等で、現在これらの作業の大半がなくなっています。

また、事務担当者に課題を聞くと、ほとんどの事務担当者から、電話による中断で、予定していた時間内に作業が終わらないということをお聞きしました。ほとんどの事務担当者はお客様からの電話が一定の割合であり、そういう場合は最優先で対応しなければならないと考えていて、中断で作業時間が増えるという課題は単なる愚痴です、と話していました。このことは、今後お話する効率化を考える上で大きな課題として残りました。

以上のようなことの他にもいろいろな気づきがありましたが、大きなことは「事務力が戦力になる」ということと、「ゆとりがあると業績が上がる」ということです。

この二つは、その後の多くの事務分析においても変わりませんでした。この事実は私にとって予想外のことでした。また、それまで聞いていたことや勉強してきたこととも違っていました。

保険業界の多くの人が損保は事務が大切といってはいましたが、事務力が代理店を支える力だとまではいっていませんでしたし、代理店を支えているのは営業力だと誰もが思っていました。しかし、事実は、一定以上の規模になると代理店を支えているのは事務だということです。

また、ゆとりが成長を支えるというのも、それまでの常識とは異なっていました。多くの企業が、効率化はコスト削減（＝従業員削減）のためのもので、従業員にゆとりを作るのは経営上ナンセンスだ、と考え、事実多くの保険会社も効率化を進めて、事務担当者を削減していました。私も当時は、そういう提案をしていた一人です。

ゆとりを持たなければ新しいことに取り組めない、ゆとりがあることで前向きな業務が円滑に回りだす、というのは間違いのない事実です。また、いまでも多くの方が気づいていないことです。長年の業務効率化は、従業員が１００％仕事をすることで生産性を上げることができる、という仮説にもとづいています。どうも、その考えが間違っている、ということなのです。こういう、予想外だけど、重要な事実を組み入れた活動モデルを作ったほうがいい、というのが代理店成長モデルを考え始めた理由です。

６　代理店成長モデル――仕事のやり方で生産性を上げる

ここまでは代理店成長モデルを考えることになったきっかけをお話ししました。それは、代理店の業績を支えるのは事務力だということ、事務力を活かすためにはゆとりが必要だということでした。

代理店成長モデルは、この考えをもとに、代理店の生産性を上げることにつながる仕事の対象とやり方を提示するものです。

数年にわたる試行錯誤と、仮説を立てるための理論の研究をまとめ、２００５年頃に最初のバージョンを作りました。その後、保険会社と一緒に代理店の事務改善を行った経験をもとに、より確実なモデルとしています。

代理店成長モデルは代理店の生産性を上げることを目的にしています。生産性とは、代理店の従業員あたりの手数料売上をさします。数式で表すと

（代理店の手数料売上－委任型募集人への支払手数料）／（社員数＋パート×0.5）

です。委任型募集人への支払いとは外注費用を表します。パートがフルタイムの場合は0・5ではなく1・0とします。この式は中小企業診断士が重要視しているひとりあたりの粗利益と同じです。保険代理店の場合は仕入れがないのでその項目を外しています。

生産性を目的としているのは、「生産性＝お客様の評価」と考えているからです。お客様が代理店を高く評価している場合は、すべての保険をその代理店から購入しようとします。高い評価を受けている代理店は、そのように考えるお客様が多く、そのようなお客様の単価が高いということです。生産性を上げるための活動は、ロイヤルカスタマーを増やす活動でもあるわけです。

生産性を上げるためには、お客様から高い評価を得なければなりません。お客様は代理店との接点でしか代理店を評価できません。したがって、顧客接点活動が大変重要になります。顧客接点活動の大半は営業活動ですが、お客様からの問い合わせに対する対応も重要な顧客接点になります。

顧客接点活動の質を上げるのは、営業スキルと事務力です。営業スキルは分かりやすいと思いますが、実は何が営業スキルかということは極めて属人的です。追い追い営業スキルとは何かについて私の解釈をお話ししていくことになります。

事務力が顧客接点活動に影響を与えるということは少し解説が必要です。多くの代理店で見受けられたことは、営業が携わる事務が多いことでした。営業が新規の活動に振り向けている時間は極めて小さく、書類作成、不備対応、商品調査といったことに多くの時間を費やしていました。生産性の高い代理店はそういう作業を事務が担当していました。事務の役割を増やすことによって、営業時間を増やすことができるということです。

また、営業の活動にはお客様情報が必須です。できる営業員は必要なお客様情報は自分で管理しています。面談した時の記録や注意事項を手帳にメモしたり、申込書にメモしたりしています。こういう情報は営業が個人的に管理しているため、更改や提案の時は自分ですべての書類を用意しなければなりません。ところがこういう情報を事務と共有できるようになると、かなりの準備作業を事務ができるようになります。

つまり、営業活動を効率よくまた効果的に行うためには、事務力を使って営業の事務作業を軽減し、顧客情報を整備したほうがいいのです。

例えば、事務担当者に新たな役割を与えたいとします。このとき、代理店の状況によって明らかに事務担当者の対応が異なってきます。ゆとりのある代理店では事務担当者は喜んで新たな役割を受け入れます。事務担当者は、潜在的に代理店に役立つことをしたいと思っているのです。逆にゆとりのない代理店では、間違いなく、事務担当者が強く抵抗します。この抵抗に代理店の社長は抗えません。この時です、ゆとりの力を実感するのは。

ゆとりを作るためにはどうしたらいいか。事務の品質向上と効率化です。事務の品質を上げることで、手戻り（作業の書類の戻り）がなくなります。手戻りは無駄な作業を発生させるだけでなく、モチベーションにも影響を与えます。効率化については章を改めてお話ししますが、効率化ができる仕事は山ほどあります。何を効率化するのが効果的かは代理店によって異なりますが、代理店成長モデルでは多くの事例をもとに効率化対象の仕事を定めています。

以上の活動が、代理店の力でできることです。まとめますと、

・顧客接点活動
・事務担当者の営業事務
・顧客情報の整備・共有

図３　代理店成長モデル

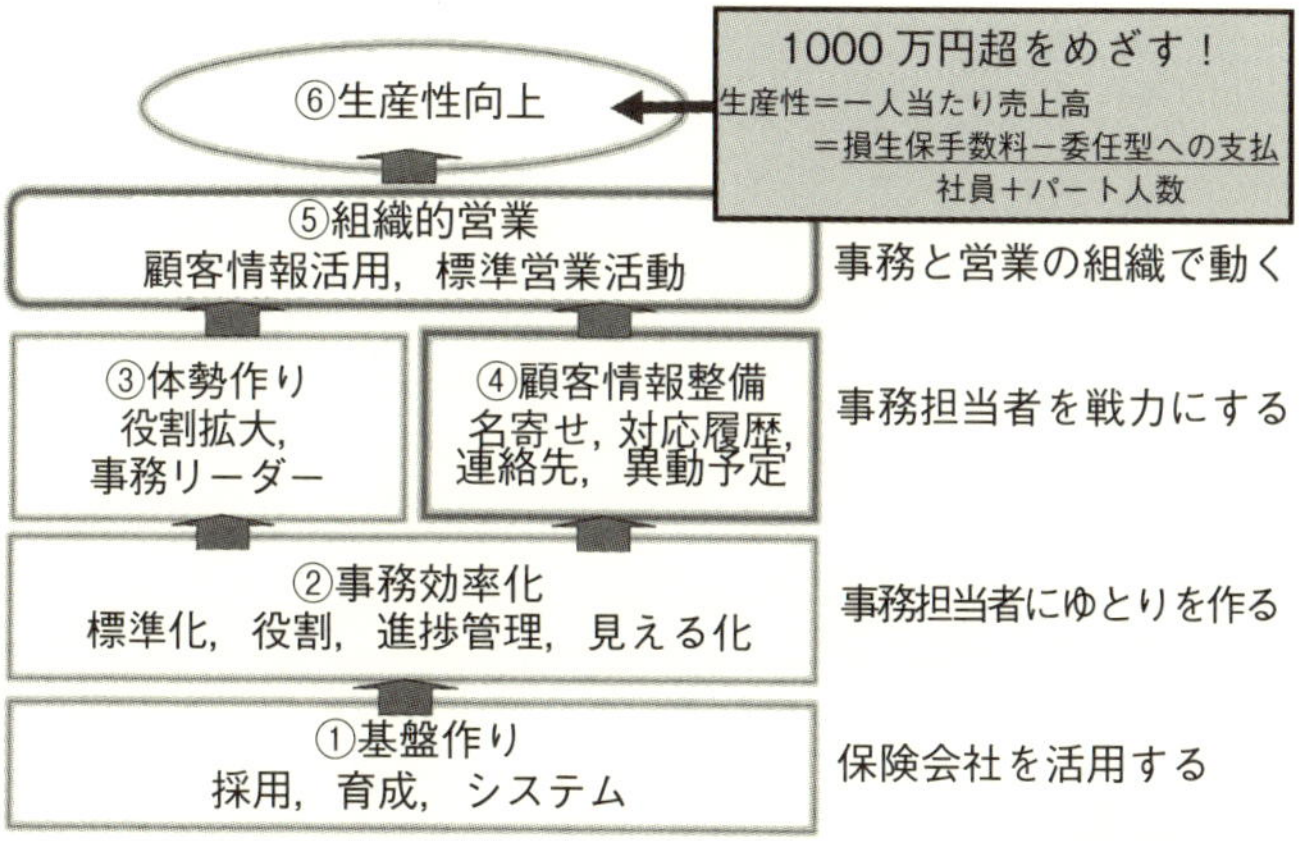

・事務の効率化

です（図３）。

この他に、生産性に影響を与えるものに、商品・システムといった保険会社に依存するものがあります。多くの代理店は保険会社が提供するものが代理店の業績を左右している、と思っていますが、私がヒアリングで実感したものは、商品・システムよりも自力でできる仕事のやり方の方が、はるかに影響が大きいということです。

ということで、代理店成長モデルは、生産性向上を目的とした４つの大きな活動領域についてモデルとなる活動を提示したものです。

（参考）代理店成長モデルの目的、定義、特徴

代理店成長モデルは次のような目的、定義、特徴を持っています。次章以降で各活動の概要を記述しますが、活動の骨格は以下のとおりです。

目　的

「お客様と社員、代理店すべてがウィンウィンになることを目的とし、代理店の活動を見える化して、代理店の活動を標準化し、社員の育成を可能にする」

定義

「生産性向上に関連する代理店の活動を見える化し、各活動の内容を定め、現状把握方法及び課題改善方法を提示する」

特徴

「上記を達成するために、
1　事務担当者を戦力化する
2　営業活動を標準化し、お客様からの相談で持続的成長ができるようにする」
「事務担当者を戦力にするために
1　仕事を効率化してゆとりを作る
2　役割を後方事務から前方事務すなわちお客様からの距離が近い事務に移す
3　お客様の情報を整備する」
「営業活動を標準化しお客様からの相談主体の活動にするために
1　更改の機会を有効に活用する
2　お客様の保険ニーズと既契約の機能が合っていることを常に確認する
3　お客様の保険ニーズの変化を把握するために、お客様からの情報収集のやり方を標準化する
4　活動を記録し、担当者及び代理店の現状把握ができるようにする」

第2章　ゆとりを作る

1　ゆとりを持つことが大切だと考えた理由

ゆとりを持つことの重要性を考え始めたのは、代理店の活動分析を始めて数年後の2004年頃ではないかと思います。いくつかの代理店の事務分析を行っていると、眉間にしわの寄った事務担当者ばかりの代理店もあれば、いつもにこにこしている担当者ばかりの代理店もありました。私が行った代理店は事務分析を依頼してくるくらいですから、意識も高くそれなりの業績を上げている代理店です。そういう代理店であっても、代理店によって事務担当者の顔つきが異なっているということに、なぜだろうという意識が芽生えたことを覚えています。また、営業担当者のヒアリングを行うと、眉間にしわの寄っている代理店は、営業担当者にやらされ感があり、にこにこ代理店は明るく前向きな営業担当者が多かったのです。また、事務担当者の役割は、眉間組は後方事務に偏っていて、にこにこ組はお客様との接点事務も行っていました。

その頃はこのくらいの違いしか分からなかったのですが、その後事務の効率化に関係するようになってからは、この違いが明確になってきました。

効率化が進みゆとりができるようになると、事務担当者は自分から役割を広げるようになってきたのです。顔つきも変わりました。眉間組が減り、にこにこ組が増えました。事務所の雰囲気も明るくなりました。営業担当者とのコミュニケーションも増えてきました。業績との関係は統計がなく何とも言えませんが、次の事実は、ゆとりと業績に関係があることを示唆しています。

拙書『東京海上日動の抜本戦略』（績文堂、2013年）にも載せていますが、効率化が実現できてきた時期に代理店にどういう効果があったかを訊いています。その結果によると、

・満期更改業務全体の進捗管理ができるようになった
・満期更改業務の不備が減った
・顧客情報整備（名寄せ、対応履歴、連絡先）ができた
・事務担当者が営業サポート（＝前方事務）を行えるようになった

という効果とともに、

・生産性が上がった

という結果が65％の代理店から上がっています。このアンケートは比較的生産性の高かった代理店に対して行っていますので、一般的な代理店も同じような効果を感じていたかどうかは明らかではありませんが、当時、講演などで話す機会のあった代理店にも似たような効果を言われていましたので、かなり正確に代理店としての効果認識を表していると思います。

ゆとりを持つことがどうして業績に影響を与えるのでしょうか。このことを専門的に研究している人は少ないと思われます。ゆとりと業績に関する書物を検索しても、ほとんどありませんでした。唯一、トム・デマルコという人が『ゆとりの法則』（日経ＢＰ社）という本を２００１年に出版しています。この本では、隙間なく仕事をしているよりもゆとりを持って仕事をする方が効率的だし、ミスも少なく、業績への寄与もある、と書いてあり

ます。この人がその理由として上げているのは、人間の行為は一人で完了するものではなく、仕事の途中でほかの人からの情報を必要としたり、ほかの人に依頼をしたり、ほかの人から依頼されたりと他者依存の部分があるということです。したがって、一人ひとりがめいっぱいすき間なく働くと、この他者依存部分で目詰まりが起き、仕事が滞るようになる、と言っています。その本ではさらに、仕事の達成に強いストレスを感じるようになると、逆に達成できなくなるようになる、逆に自主性に任せたほうが達成できる確率が上がる、というようなことも書いてありました。それまでの常識とは異なる意見だと思いました。

ゆとりと業績のことを書いている本はこのくらいなので、多くの人はゆとりが業績にいい影響を与えるということを考えていないでしょう。実際、私がゆとりの重要性を言い始めた２００８年頃以降現在に至るまで、こういう話をすると多くの人から目からウロコだったという感想を聞いています。

しかし、私が関係した保険会社で、代理店の事務担当者の役割拡大を目的とした活動の中で分かったことは、ゆとりを持つことが役割拡大の必須条件だということでした。ゆとりがなければ、担当者は頑として役割拡大を拒みます。当然ですが、物理的に不可能であり、引き受けると命を縮めることになりかねないからです。

私の経験では、ゆとりはきわめて重要です。日常業務は常に３割程度の遊びを設けるべきです。３割の時間は何もしなくていい時間とする、ということです。

今までの効率化は、人間を機械と見たてたテイラーの法則で行われてきました。この考えは、無駄な時間を作らないことが効率化を推し進めるというものです。しかし、人間は機械ではなく、自分で頭を動かすことができる動物です。人間を相手にした効率化は、最終的には３割程度のゆとりを作ることが、真の意味での効率化になる、というものだと思います。

2　どうやってゆとりを作るか

代理店成長モデルの出発点は、事務担当者にゆとりを作ることです。

ゆとりのある代理店を観察するといくつかの共通点があることに気づきました。

・計上業務の品質が高く、手戻り作業が少ない
・商品やシステムをよく知っていて、作業中に調べるということをしていない
・書類、帳票、システム内の情報がよく整理されていて、情報を探す時間が少ない
・役割が適切に決められていて、ムダなことや重複作業を行っていない
・電話による作業中断の影響を最小限に抑える工夫を行っている
・ルールを守ることの優先度を上げている

ここで述べた6つができている代理店は、事務作業がスムーズに進み、事務担当者間の情報共有もできています。情報共有ができると事務所の雰囲気が明るくなります。

それでは、どうやって上記の6つを実現しているのかを見ていきましょう。

(1)計上業務の品質が高く、手戻り作業が少ない

不備の原因を調べていくと、特定の営業担当者や特定の商品が不備の大半を占めていることに気づきます。

〈代理店システムの活用〉　現在は多くの保険会社が代理店システムを用意しており、自動車や火災といった主力種目はシステムで試算や申込書作成ができるようになっています。したがって、これらの種目では不備は大幅

に減っており、システムではチェックできない項目の不備に限定されます。すなわち、申し込み日、自署、家族の名前、住所、電話番号といった項目です。このような項目を営業担当者が申込受領の時に確認すれば不備を減らすことができます。

〈顧客情報の共有〉 しかし、システムで作成できない種目に関しては試算や申し込み作成を手作業で行う必要があります。そういう種目は法人や大口個人顧客に多いのですが、こういう契約を取り扱えるのは社長かベテラン営業の人に偏ります。不備はこの種目に偏り、不備を作る人は社長かベテラン営業の人に偏ります。これが、多くの代理店の状況です。

この状況を改善する方法の一つが顧客情報の整備です。お客様との付き合いの中で掴んだお客様の変化を、顧客情報として事務担当者と共有できれば、ある程度の作業を事務担当者が行えるようになります。もちろん社長やベテラン営業の人からの指示や商品知識といったことは必要でしょうが、同じことを繰り返し行うことによって、間違いなく品質向上と効率化が図られます。

〈満期更改業務の管理〉 もう一つ不備を減らすことに役立っていることが、満期更改業務の管理です。これは、満期更改の案件ごとに、現在どこまで進捗しているかということを見えるようにすることです。この管理は事務担当者が行います。案件がどこまで進んでいるか、不備があった案件はどれか、どういう不備が多いかということを定期的に報告します。保険会社も不備リストを作っていますので、それを付き合わせることにより進捗状況と不備状況を見えるようにできます。

これは結構効果があるようです。何度も何度も同じ不備を作るという人が少なくなります。むづかしい種目でも、どこで不備がおきやすいか、その原因は何かということを特定しやすくなります。これだけでも相当の効果があります。

(2)商品やシステムの知識を上げ、作業中の調べ物を減らす

調べるということは時間を使います。調べる作業は無意識に行うことが多いので、ヒアリングをしても調べ物に時間がかかっていることが気づかないことが多いのです。しかし、日頃の時間の使い方を振り返ってみると、調べ物や書類検索に思っている以上に時間を取られていることがわかります。

保険代理店で調べ物に時間を取られるのは商品とシステムです。申込書を作ったり、申込書をチェックしたりするときには、初心者は、どこをどうすればいいのかということに時間をかけます。何度も同じことを繰り返すうちにだんだん覚えてきて、こういうことに時間を取られることが少なくなります。システムも同じです。どういう時にどういう操作をすればいいのか、ということは実務経験で覚えていくほかはありません。

しかし、ある程度（短い期間で結構です）経験したあとに、商品やシステムを体系だった勉強をすると、それまでやってきたことの理屈が分かってきます。人間は、理屈が分かると一連の動きを速く覚えられるようにできています。

ベテランであっても、知らなかったことを少し教えてもらうだけで、仕事が効率的にかつ高い品質で行うことができるようになることがよくあります。

このように、商品やシステムの知識を上げることは、代理店の事務作業の8割を占める満期更改計上業務の効率化を進める上で大きな意味を持ちます。

では、このような知識をどうやって上げるか。それはこういう知識のオーナーである保険会社に頼らざるをえません。さいわい大手保険会社は支部・支社に要員をおいていますので、こういう要望に対応できます。逆に、代理店に知識が増えて、品質向上や効率化ができると保険会社にもメリットがあります。そういう意味で積極的な支援を行ってくれる支社が多いことを何度も見てきました。

支社から商品・システムを教わったあとは、仕事でその知識を使うことをおすすめします。最終的には自分で経験することが知識習得の最も確実なやり方だからです。自分の業務内ではそういう知識を使う機会が少ないという方には、グループで経験を共有することをおすすめします。事務担当者の定期的な会議を開き、その中の主要なテーマの一つとして新しい知識を実際に使った経験談を発表するのです。このことの効果の大きさは、ヒアリングで何度も耳にしています。

(3) 整理整頓ができていて、必要な時に必要なものが手に入る

整理整頓は日本の躍進を支えた製造業の「カイゼン」の基本となるものです。どの業界においても整理整頓の重要性と効果が謳われています。しかし、現実にはできていない企業が多いのです。とくに中小企業ではこのことに気づいていないところが多いのです。一例として、お父さんから引き継いだ工場を立ち直らせた『町工場の娘』（諏訪貴子、日経BP社、２０１４年）という本がありますが、その中で、最初にやったことが整理整頓だったと書かれています。

保険代理店においても状況は同じです。効率化ができていない代理店の多くは整理整頓ができておらず、あるべき書類を探すために多くの時間を使っています。あるべき書類があるべき場所に保管されている、ということを実施しただけで大きな効率化ができることもあるほどです。いわゆる、「ファイリング」と呼ばれるものです。

では、どうすれば整理整頓（＝ファイリング）ができるようになるでしょうか。

その一例を拙書『東京海上日動の抜本戦略』に書いています。この例は、同社が抜本改革と同時に行った「統一ファイリング」と「工程ボックス」で、支社業務を大幅に効率化できたことを紹介しています。

「統一ファイリング」とは、ファイルの保管方法を統一したということです。同社では、書類の特性に応じて、ファイル番号、ファイルの中身、保存期間、保管場所を全社的に統一して、誰もが必要書類をすぐに探し出せるようにしました。この効果は大きく、作業時間短縮、品質向上、スペース減少といったことが実現しました。保険代理店においては、自社内の書類だけでいいので、ここまで大掛かりに行う必要はないと思いますが、それでもある程度の時間をかけ、グループで議論しながら、どのファイルをどこに保管するか、そのファイルの保管責任者を誰にするか、ということを決めることをおすすめします。

「工程ボックス」とは、処理中の書類を、処理の工程別に保管するやり方です。申込書作成中、申込書受理、ペンディング処理中、処理完了、といった工程ごとに箱（＝ボックス）を作り、そこに該当の書類を保管するのです。このことで、代理店の満期管理がスムーズに行くようになり、効率化に大きく寄与した実施事例が数多く見られました。

東京海上日動社が行った抜本改革の代理店への浸透活動の中で、最初に効果を上げたのが上記の二つです。代理店から感謝の反応が数多くありました。

もうひとつの例は、ＩＴ活用です。すでに実施されている代理店が多いと思いますが、現在は市販のアプリケーションで情報の整理整頓の機能を持った優れものがたくさん出ています。身近な例では名刺管理です。従来は膨大な名刺をどう管理するか、検索方法をどうするか、ということに頭を悩ませる社長が多かったと思いますが、最近ではそういう悩みを聞くことはほとんどありません。

先進的な例では、顧客情報や営業活動情報（主としてスケジュール）をＩＴで管理するというものがあります。顧客情報を代理店のＩＴシステムで保管して大丈夫か、という懸念がありますので、セキュリティの確認は行わなければなりません。しかし、それを行う労力に比較しても利便性・効率化のメリットは大きなものがあります。

整理整頓のコツは、使用頻度の大きなものから行うということです。最初からすべての書類や情報を整理整頓しようというのではなく、よく使う何種類かだけを対象にしても構いません。それだけでも大きな効果を得ることができますので、強くおすすめします。

⑷重複をなくす

事務担当者にその人が行っている作業を細かく聞いていくと、この人はなぜこのようなことを行っているのだろうかと思うことがたくさんあります。別の人がそのことを行っていたり、その作業の結果を使う人が誰もいなかったり、ということがよくあるからです。以前は、ヒアリング行うと必ずこのような作業がありました。そのことを代理店で報告すると、全員がそのことを初めて知った、という反応をします。つまり、すぐそばで作業をしている同僚の、仕事の範囲ややり方を誰も正確には把握していない、ということです。このことは、保険代理店だけではなく、一般的な企業組織でもよく見受けられる事です。

このことを解決している事例は多数ありますが、代表的なものを二つ紹介します。

一つは、業務の棚卸しです。各人のやっていることを詳細なレベルで出し合い、重複や不要なものがないかどうかを全員で確かめ、合理的な役割に変えていくというものです。このやり方はすぐに効果を表します。ただし、いくつか注意点があります。　まず、役割はある程度詳細にしたほうがいいということです。大まかすぎると、その中で重複が起きてしまうことがあるからです。次に、定期的に見直す必要があるということです。事務作業は結構頻繁に変わります。商品改訂、規定改訂といった外部要因だけでなく、事務担当者の成長や家庭事情といった内部要因でも変わります。したがって、一定期間（長くても1年）たったら、見直しをおこなわなければなりません。この見直しをやっていない代理店が多く、業務分担表を見ると作成日が2年以上前だったというケースがざらにあります。

もう一つは業務フローの作成です。業務フローとは一連の業務の流れをフローの形で書いたものですが、作り方を工夫すると優れものになります。業務フローで表すことができるのは、手順と役割と情報です。一般に業務フローで表しているのは手順だけということが多いのですが、手順に、誰がやるか、どこに必要な情報があるかを追加すると、実務的なものになります。『東京海上日動の抜本戦略』には、同社が作っているおすすめ業務フローの例を書いています。代理店業務約20種類について、手順、役割、情報が実務で使えるレベルで書いてありますので参考にしてください。

(5)中断をなくす

多くの方が経験されているように、仕事中に何らかの理由で違う仕事を行わなければならなかったとき、もとの仕事に戻っても途中からすぐに再開できるわけではなく、再開するまでに時間がかかります。保険代理店の事務作業に関しても、作業中にお客様や保険会社から電話がかかってきたり、営業員から急な頼まれごとをされたりして、作業を中断すると、再開するまでに時間がかかります。このことの影響がどのくらいあるのか。

私が行った代理店事務担当者へのヒアリングで、例外なく言われたのが「中断がなければ短時間で終わります、でも中断があると時間がとてもかかります」ということでした。そして、「お客様からの電話は代理店にとって最優先ですから、どんなに忙しい時でも必ずすぐに返事ができるようにしています」と続けて言われます。つまり、作業時間を短縮することは不可能だ、という結論になります。

このことを数年間、聞いてきました。でも、いつも、本当にそうなのだろうか、打つ手はないのだろうか、このことを解決している事例はないのだろうか、ということを考えながらヒアリングを行っていました。

ある代理店から解決事例と思われる話を聞きました。

その代理店では、電話がいつ掛かってくるのかを調べたのです。そうすると更改案内が到着したあとに、集中してお客様の電話が多くなっていることがわかりました。さらに、なぜ案内到着後にお客様は電話をかけてくるのか調べました。その理由は案内の内容がわかりにくい、ということでした。そこで、その代理店は満期案内をわかりやすく作るようにしたところ、案内到着後の電話の数は大幅に減ったということです。

別の代理店はさらに突っ込んだ解決方法を行っていました。

一つは更改案内に「この案内が届いた頃にこちらから電話を入れます」という文言を書いて、1年間愚直にそのことを実施しました。すると2年目からは更改案内への問い合わせ電話が大幅に減りました。

二つ目は、営業が更改に行った時に、車の入れ替え、新築等の予定がないかどうかお客様に訊きます。このような予定があるお客様はほとんど答えてくれます。それを事務担当者が記録して、異動予定日の2か月前くらいにこちらからお客様に電話を入れ、異動手続きを始めるわけです。これで異動に関する突然の電話が大幅に減ったということです。

このような事例が集まってきましたので、作業中の中断をなくすことは可能だと考えました。

ところで、よく見ると、前記の代理店の例は、お客様からの突然の電話で中断されるかこちらからの電話で作業が始まるかの違いだけで、やっていることは同じです。これだけの違いがなぜ作業時間に大きな影響を与えるのでしょうか。それは別項でお話ししますが段取りと関係しています。人間は段取りをすることで大幅に効率的に作業を行うことができます。自分でコントロールできるために無駄なく仕事を行えるということです。

さて、このようなことが事例として出てきたため、私はいろいろな場所で、作業中断をなくすことができることをお話ししました。多くの人は目からウロコと言ってくれ、実際にこのようなやり方を自社でやりました。ほぼ期待通りの効果があり、現在は、早期案内確認と先日付異動案内という形でかなり定着したと見ています。別項で述べる最新のＩＴはこの分野もカバーしていますので、以前よりは少ない労力でもれなく実施できるようです。

さらに、次のような例が出てきました。

今までの例はお客様からの電話を減らそうというものでしたが、こちらは、お客様の電話を減らさず、代理店の仕事のやり方で対応できるというものです。

ある代理店から相談がありました。業績が悪くなっているのだが、どうもその原因は事務が忙しすぎることにあるようだ、一度事務のやり方を見て欲しい、というものでした。保険会社が代理店事務の支援を行っていましたので、保険会社に依頼して事務調査を行ってもらいました。その保険会社は調査の後、集中タイムを提案しました。その提案はすぐに実施され、代理店の業績は見る見るうちに良くなり、当初絶望視していたコンベンションに行けたのです。

集中タイムとは、ある時間帯は事務担当者が事務に集中して、誰も中断させてはいけない、というものです。電話が来ても別の人が取る、依頼ごとがあってもその時間帯が過ぎるまで待ちます。その代理店は事務担当者が３名いましたので、午前中は２名の担当者が集中タイムになることになりました。その結果、驚くことが起きたのです。

３名が一日中休む間もなく作業を行っていたのが、集中タイムをすることで、２名の担当者が午前中だけで１

日分の仕事をこなしたのです。3名の担当者の午後の時間が空きました。営業担当者は待っていましたとばかり、それまで自分が抱え込まざるを得なかった作業を事務担当者に依頼しました。それだけでなく、商品やお客様に関するいろいろな相談も行えるようになりました。表面的に変わったのはそれだけでしたが、営業担当者のモチベーションが大幅に上がり、新規契約が増加したのです。

このやり方は即効性があります。また、お客様からの電話を減らすというお客様への依存も減ります。というわけで、中断を減らすやり方がかなりあることがわかりました。どの事例を適用するかは代理店の状況によって変わると思いますが、最終的にはお客様情報にもとづく対応が、お客様との関係をより良くしていくと思っていますので、この中では、長期的には前記2番目の代理店の事例をお勧めします。

また、これからもより効果的な事例が出てくると思います。要するに、作業の中断は仕事のやり方を工夫することによって改善できるということです。

(6)ルールを守ること

多くの代理店から、事務効率化のためのルールを作っても仕方がない、うちはルールを作っても誰も守らないからという声をお聞きします。実際のところはどうなのかを、守られていない事例を具体的にお伺いして、どういう現象になっているのか、何が原因なのかを確認していますが、多くの事例では同じような現象で、同じような原因であることが分かっています。

ルールを作ったらすべてのルールが守られていないかというと、そうではなく、守られているものと守られていないものがあるということが分かりました。守られているものは、事務担当者だけで守ることができるルールで、守られていないものは営業と事務の両方がかかわるものであり、ほとんどの事例が、営業が守らないということです。

実際に調べていくと、代理店の事務というのは営業員の裁量によって役割が異なっているのです。営業員がやりやすいような形で、営業担当者ごとに営業と事務の役割が異なるのです。こういう状況では、更改作業において営業員から事務員への依頼のやり方をこのようにする、というルールを決めたところで、誰も守らせることができないわけです。しかも、そのような裁量制度にこだわる第一人者は社長であることが圧倒的に多いのです。

というわけで、事務の効率化ができる環境にあり、効率化を阻む仕事のやり方が特定できているにもかかわらず、効率化ができていない代理店が多いという理由は、どうも社長の認識にありそうです。

この原因を解消できるか。これは難度が高いのです。

まず、社員ではできません。大手企業においても同じことが起きているわけですから、社長の権限が強い中小零細企業では手を付けることができません。

ではどうするか。

外部の第三者の力を借りるしか手はありません。最も身近な第三者は保険会社の支社もしくは支店です。現在、大手の損保会社は代理店への業務支援に力を入れていますので、保険会社の支援を受けることが最も現実的です。

もう一つは、ルールが守られていないことをデータで示すことです。この役割は事務担当者になります。

更改の進捗管理の管理項目に、事務担当者への依頼や事務担当者作成の書類を使ったかどうか、といった欄を加え、事務担当者が実施確認を行います。そして、誰がいつ何件のルール違反をしたかを公表します。

これは単にルールが守られていないとことを公表するという目的だけではなく、ルールそのものの改善点も明らかにしていきます。したがって、事実をはっきりとデータでつかむ必要があるわけです。製造業における「カイゼン」と同じです。

以上の課題解決はまだ成功事例が多いわけではありませんが、それなりの効果は出ているようです。効率化を妨げている原因が実は自分であったと気が付くことで、自分からやり方を変えようとする社長が多いということです。

〈コラム〉仕事のやり方を測る

このコラムは若干専門的です。関心のある方はお読みください。関心がない方は飛ばしていただいて結構です。

仕事のやり方を測るとは、仕事のやり方を数値で表し、その数値と生産性に関係付けを見出すというものです。数値化ができると、仕事のやり方をどのレベルまで引き上げればよいかということが、具体的に出てきます。

仕事のやり方とは何か。この測り方では、仕事の範囲と仕事のレベルで表します。したがって、仕事の範囲の決め方と仕事のレベルの決め方ができると仕事のやり方を測ることができます。ここでは、どうやって、仕事の範囲と仕事のレベルを決めたか紹介します。

仕事の範囲は、生産性に関係がある仕事に絞りました。生産性に関係がある仕事を絞り込むやり方は、ＢＳＣ（バランススコアカード）を適用しました。

保険会社の方はＢＳＣについてご存知だと思います。１９９０年代に開発された、経営状況を測る手法ですが、いわゆる経営指標と異なるのは、結果の指標ではなく過程の指標だということです。経営指標につながる一連の活動を、枠組みを使って定義し、それらの活動の連携で経営指標が出来上がる、という考えです。

枠組みは、財務の視点、顧客の視点、内部活動の視点、成長への投資という4つの視点でできています。これらの視点の間に因果関係を見つけ、それぞれのレベルをデータで表し、最終的に経営指標に繋げるものです。インスウオッチでは『Compact is Strong――激動時代を力強く生き抜く全員参加型経営』という実態調査で、代理店の枠組み事例を提示していますので参考にしてください。ただし、今回ご紹介するやり方は、インスウオッチよりも仕事の範囲を細かくしています。

財務の視点には生産性を使っています。生産性を使っている理由は前述したとおり、生産性が代理店の活動を最もよく反映しているからです。

顧客の視点は、顧客接点活動にしています。主として営業活動になります。

内務活動の視点は、代理店の事務の8割に当たる満期更改業務を中心にしています。それに、生産性に大きな影響がある、役割と顧客情報整備を追加しています。成長への投資は、保険会社が提供する商品やシステムに関係するものであったり、社長の考えであったりすることが多いので、仕事のやり方の範囲から外しています。当初は29の活動を対象にレベル付けを行っていましたが、生産性に関係する活動は10から20の間に収まるということがわかってきましたので、そのくらいの数にしています。

仕事のやり方のレベル付けは二つの方法で行っています。

一つは組織力を計るやり方として世界中のＩＴ業界で使われているＣＭＭＩです。ＣＭＭＩは米国空軍が、ＩＴプロジェクトの成功・失敗要因を見つけるために、カーネギーメロン大学に依頼して作ったものです。ＩＴ業界だけでなくいろいろな業界で使われていて、ＣＭＭＩ測定の専門資格もあります。概念が非常にわかりやすいでの、私は概念にもとづいてレベル付けを行っています。５段階のレベルで組織力を測ります。

レベル１はルールがなく、各人が各人のやり方で仕事を行っている状況です。

レベル２はルールができたが、ルールの遵守は各人に任されていて、ルール通り行われていないことがあるという状況です。

レベル３はルール通りに仕事が行われている状況です。

レベル４はルール通りに仕事が行われており､仕事のやり方が管理され次の事態が予測できる状況です。

レベル５は、環境の変化に応じ、レベル４の状態を柔軟に築くことができる状況です。

ＩＴ業界ではプロジェクトを予定通り進めるには、レベル３が最低限のレベルであるとしています。このルールは代理店の仕事のやり方を測る方法として適用しやすい方法でした。実際にこのやり方で測ってみると、ほとんどの代理店がレベル２以下で仕事をやっていることがわかりました。また、レベルを上げるイメージがわかりやすいという特徴もあり、このやり方を採用しています。

もう一つ仕事のやり方を計るやり方として、米国の独立代理店協会が作ったものがあります。これは保険代理店に特化したものですが、こちらも実務的でかつレベルアップのやり方も記述していますので、ＣＭＭＩと一緒にレベル付けに使っています。

このやり方は４段階でレベル付けを行います。

レベル1は手作業で属人的なレベルです。

レベル2はマニュアル化されているレベルです。

レベル3は事務の範囲が後方事務から前方事務に移って、サービス主体の活動になっているレベルです。

レベル4は顧客のレベルと呼ばれ、顧客の保険スケジュールに従ったサービス活動を行うレベルです。

　こちらのレベル付けは、役割に適用するとぴったりするので、役割のレベルを測るのに使っていますが、ほかの仕事でも一部使っています。

3　顧客事務と計上事務

代理店の事務効率化がこれまで本格的に行われなかった理由は、代理店の事務を誰も知らなかったからだと思います。保険会社にノウハウがある事務は規定にもとづいた事務です。これは代理店事務の一部です。

代理店も自社の事務については自社の経験情報を持っていますが、複数の代理店の事務を知っているわけではありません。外部の保険業務のコンサルタントも、保険会社の業務分析は行いますが代理店の業務分析は行いません。スポンサーがいないからです。

以上のようなことで、代理店事務は、存在するけれど誰も中身を知らないという暗黒大陸でした。

私が代理店事務のヒアリングを始めたのはこういう環境の時でした。ですから、ヒアリングして大まかに見える化するだけで重宝がられました。

複数の代理店のヒアリングをして最初に気がついたのは、代理店事務は二つの事務からできている、というこ

図４　顧客事務と計上事務

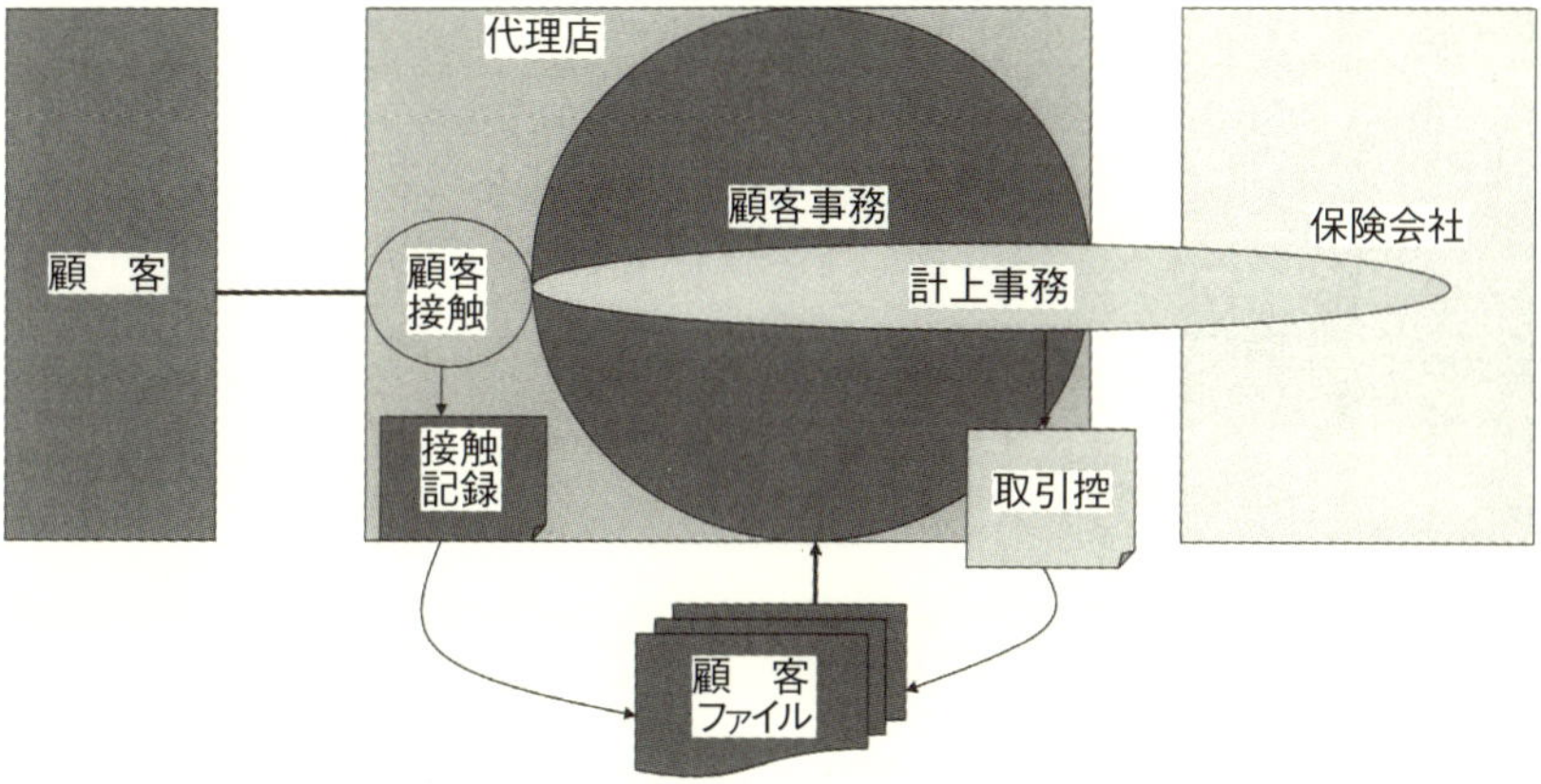

とでした。一つは規定にもとづいた事務で計上事務と名づけました。二つ目は顧客情報にもとづいた事務で、顧客事務と名づけました。この二つの事務は、目的も構造も違います（図４）。このことが見えてきて、保険会社の代理店システムが代理店にとって評判が悪い理由もわかってきました。保険会社の代理店システムは計上事務しか対象にしておらず、代理店事務の多くを占める顧客事務には対応していなかったのです。

計上事務については商品の事務規定にもとづいた事務だということで分かると思いますが、顧客事務は説明が必要です。

顧客事務は顧客情報にもとづいて、顧客が保険取引を行う際に違和感を覚えずに手順通り手続きを行うことを目的にします。例えば、お客様の異動予定を記録しておき、異動予定の２か月前にこちらからお客様に連絡し、予定通り異動が行われる場合は異動手続きを始める、というのは顧客事務です。また、前年度の申込書を持ってきて、そこに書かれているメモを見ながら試算や申込書作成を行うのも顧客事務です。こういう作業は商品規定には書かれていませんので、計上事務ではないという判断です。

このように顧客事務は代理店事務を広範にカバーしています。計上事務から切り離してみることができるものもあれば、計上事務と一体になっている事務もあります。

このことを理解してくると、顧客情報の捉え方がはっきりしてきます。契約申込書の中にある顧客の情報は契約情報で、計上事務でチェックされます。保険会社が、何かあった時に必要とする情報だと考えればいいでしょう。これに対し、契約が名寄せされた情報は顧客情報になります。これは計上事務では使われず顧客事務で使われることになります。

ＩＴ化が進む前に代理店では顧客対応をスムーズに行うためにいろいろと工夫してきました。その中に顧客ファイルがあります。顧客ファイルには種々雑多な、顧客に関する情報が保管されていました。顧客の家族構成、複数種目の前年度申込書、重要な対応履歴といったような情報です。数は少なかったのですが、優良な代理店はこのような情報を大切にし、更改時には必ず顧客ファイルを見て案内を作っていました。その結果、更改作業で契約の単価アップを実現したり、顧客からの評価を上げたりという成果を得ていました。また、連絡ノートといって、顧客からの照会内容をノートに記録して、事務と営業が情報共有している事例もありました。そういう代理店では連絡ノートが代理店の宝だという表現をしていました。それほど重要な情報だったわけです。

保険会社が代理店事務の支援に本腰を入れ始めるときに、最初に戸惑うのが顧客事務です。なぜこのような手順を踏むのか、なぜこのような情報を保管しているのかということを理解できないのです。

以前は、保険会社の代理店事務に対する役割は代理店事務の指導でした。そのときは計上事務の品質だけを見ていれば良かったのです。しかし、支援になると、代理店事務の全体を理解しなければなりません。そうなると、顧客事務とは何かを理解しなければならなくなります。このことに気づき、顧客事務を理解するまでにかなり時間がかかります。しかし、顧客事務が理解できないとその次には進めません。時間をかけてでも顧客事務を理解する必要があるのです。

以前の代理店システムは計上事務だけを対象にしていました。現在、先進的な代理店システムは顧客事務まで対象にしています。顧客事務は保険会社にノウハウがなかった事務ですので、どうやって開発するのかに関心が向かいました。開発者は代理店に長期滞在して事務のやり方を勉強したり、開発の要所で代理店に集まってもらい、仕様や開発状況を見てもらってレビューを受けたりということをしました。その結果、顧客事務を含めたシステムができ、代理店から高い評価を受けるようになったのです。

おそらく、保険会社が提供するこれからの代理店システムは顧客事務も対象にしたものになるでしょう。

4　ITをどう使うか

2000年から2003年にかけて私は保険会社の業務プロセスを分析していました。同時に代理店のヒアリングも行っていました。その時に、どうしてこんな無駄なことしているのだろうと何度も思ったことがあります。それは、紙の動きが、保険会社でも代理店でも異常に多いことです。

代理店の更改業務が代理店業務の作業時間の8割以上を占めている、ということはヒアリングで分かっていました。その内訳を見ると、計上業務で3割、精算業務で2割、お客様からの電話対応で2割、ファイリングで2割です。足すと9割になりますが、電話対応とファイリングの一部は更改以外の業務ですので、全体の8割が更改業務ということにしています。

さて、計上業務のうち、その半分が保険会社から送られてくる更改案内の仕分けでした。仕分けというのは、案内を種目別、営業担当者別に仕分けすることです。これには驚きました。なぜならば、ＩＴシステムが一番得意なのは仕分けだからです。当時の保険会社のＩＴシステムの稼働時間のうち最も大きかったのは、ソートマージつまり分類仕分けです。保険会社の初期のＩＴシステムは仕分けのためにあったと言ってもそれほど外れていません。

なぜ、こんな簡単な仕分けを代理店の手作業に任せ、システムで行わないのだろうか、と思いました。

もうひとつ不思議だったのは、この案内が保険会社のシステムで印刷されたあと、支社に送られ、支社から代理店に送られてくる物流でした。支社ではこの案内に対しなんの追加作業もありません。つまり、支社を通す意味は全くないわけです。膨大な無駄な作業がここでも生じていました。

おそらく、なにかの出来事があり、その対処のためにこのようなことが起きていたのか、もしくは現場のことを知らなくてシステム設計していたのか、といったところでしょう。いずれにしても、システムから印刷された案内は、膨大な無駄な作業を経て代理店の営業担当に渡されていました。

このことを『ＩＴが保険ビジネスを変える』（績文堂、２００３年）という本に書きました。その影響があったかどうか定かではありませんが、上記のことは現在では解消されています。

この出来事やその他の出来事を通して、紙を動かすことが作業量を増やす、つまりコスト増につながることがわかりました。よく言われるペーパーレスではなく、ペーパーが動くことをなくすことがコスト削減の大きな要因になるということです。

もうひとつ、代理店でヒアリングしている時に気づいたことがあります。それは、紙の情報は一時点で一人の人しか見られない、ということです。誰かが書類を持ち出したら、ほかの人はその書類を見ることができません。つまり、情報共有のツールとして、紙の情報は不完全だということです。

こういう無駄を減らしたり、代理店内で情報共有を高めたりするにはＩＴが役に立ちます。このことはずいぶん前から保険会社の人たちは知っていました。それが、保険会社の第一次オンライン、第二次オンラインにつながっていたのです。しかし、代理店にまではその影響が及んでいなかったのでしょう。

2005年頃から、インターネットが社会の隅々にまで行き届くようになりました。ネットのアプリケーションを開発する会社も増えてきました。そういうアプリの中に、紙の情報をITに移して管理するというものが出てきました。名刺管理、スケジューリング、紙情報のスキャン（読み取り）と保管、IT内の情報の自由な検索（グーグルが代表です）、こういったアプリが出てきて、代理店の事務は大幅に効率化が図られるようになりました。

現在、保険会社の代理店システムは計上業務をサポートする機能に加え、顧客情報を整備したり活用したりする機能も追加開発されています。そのことで、代理店の満期更改業務は大幅に効率化され、作業時間が5割から7割減ってきています（つまり半分から3分の1にまで減っているということです、驚くべき効率化実現です）。また、市販のシステムを使って、名刺管理、取引に使ったすべての紙情報の保管、従業員のスケジュール管理、お客様とのやり取りの記録などをシステム化している代理店も増えてきています。そのような代理店では代理店内の情報共有レベルが著しく上がっています。

このように代理店のITシステムは適用範囲を大幅に広げていますが、今後どのように使っていけばいいのか、私見を述べさせていただきます。

代理店に関して言えば、システム活用のための経費を増やすことです。ITに強い人を採用する、もしくはITのことを相談できる外部の人もしくは会社を見つける、ということです。採用するにしても提携するにしても、ポイントは市販アプリの活用を目指すということです。計上業務や顧客情報は保険会社のシステムを活用したほうが安全で精度が高くなりますが、それ以外の機能は保険会社が不得手の領域です。こういった業務をカバーしているアプリを見つけたり、評価したり、導入することをＩＴに強い人に求めるのです。

もう一つ経費をかける必要があります。それは先行代理店を勉強することです。旅費を払ってでも、お礼を払ってでも情報を集めるだけの価値があります。先行代理店は自分が先行していることを誰かに知ってもらいたいと思っていますので、喜んで対応してくれます。今のところ、先行代理店の情報収集（ベンチマーキングともいいます）はそれほど一般的ではないので、依頼すれば引き受けてくれる代理店が多いと思います。

ＩＴの適用は、今までは効率化目的が大きかったのですが、これからは情報共有が主力になると思います。相当大きな効果が出てきますので、ぜひ早めに計画してください。

保険会社に要望したいことは、オープンなシステムを作ることです。現在の保険会社の代理店システムは閉鎖的で外部のアプリとの連携ができません。また、外部でできた優れもののアプリを取り込むこともやられていません。保険会社の代理店システムと市販のシステムを連携すると代理店の業務品質が上がって行きます。そのためのオープンインタフェイスの開発を望みます。

5　先読み作業――段取りを考える――

代理店の事務リーダーにヒアリングするときに、１日の仕事の段取りを考えるかどうか聞くことがあります。答えはまちまちですが、朝一番もしくは通勤途中で考えると答えたかたはほぼ予定通りに１日の作業をこなしているようです。また、そういう方のいる代理店は事務作業がスムーズにいっているようです。

代理店の事務作業はやることが決まっていて、誰がやっても同じようにできるのではないかと考えがちですが、実際にヒアリングを行うとまさに千差万別です。その中で1日の仕事の段取りを考えている代理店はまだ少ないように感じます。ところが、段取りを考えているかどうかで代理店の事務作業効率は大きく異なります。段取りを考えていない代理店では飛び込み作業が多かったり、事務の滞留が日常的に起こっていたり、不具合が多かったりという具合です。段取りを考えている代理店は、飛び込み作業や滞留も念頭において段取りを考えているというわけです。

このような違いが起きる理由は先読み作業と後追い作業の作業効率の違いです。段取りを考えるということは先読み作業を行っていることです。

では先読み作業とはどういうものなのかを説明します。

先読み作業とは、

・いつ作業を行わなければならないか確認しておく
・手順をあらかじめ頭に描く
・作業を行うために必要な情報（帳票、書類、画面等）がどこにあるか確認する
・時間がかかる作業を予測し、手順に組み込んでおく

という具合に作業を進めることをいいます。

実際に作業を行うと、時間がかかるのはたいてい情報を集める作業です。簡単に手に入れることができる情報が多いのですが、分散していて面倒な情報集めもあれば相手の都合によって時間がかかってしまう情報集めもあります。先読み作業とはそのような情報をあらかじめ整理したり事前に相手にお願いしたりすることを言います。

後追い作業はこの逆で、作業を行っている中で必要な情報が新たに発生したり、期日に間に合わない作業が突然

発生して、作業中のものを中断しなければならなかったりという状況を言います。後追い作業が増えてくると、精神的にも苛立ちがおき、ストレスが発生してミスが増えてきます。当然手戻りも増えてきます。

ここまででお分かりだと思いますが、同じ作業でも先読みすると作業時間は大幅に減ります。忙しそうにしていて毎日残業している人でも先読み作業に切り替えると余裕を持って仕事ができ、残業しなくて済みます。

私は今まで多くの人と一緒に仕事をしてきましたが、いつも忙しそうにしている人はどんな仕事をやっても忙しくいつも残業しています。逆に余裕を持って仕事をする人はどんな仕事をやっても余裕を持って仕事をこなしています。それは仕事に原因があるのではなくその人の作業のやり方に原因があるからだと考えています。

先読み作業で効果を上げている典型的な例が、異動の先日付処理です。これは、「中断を減らす」でも説明しましたが、お客様の異動予定を記録して、異動の2か月ほど前にお客様に確認をして、異動処理を代理店主導で行うというものです。5年ほど前は目からウロコと言われた事例ですが、現在はかなりの代理店が取り入れていてそれほど珍しくはなくなっています。効率化を実現して、同時にお客様からの評価も高くなったという例がたくさんあります。それまでは、お客様からの突然の電話で仕事が始まり、お客様からせっつかれながら仕事を行っていたわけですから。

米国の独立代理店が報告していた「ベストプラクティス　代理店の事務レベル」（2002年頃）に、代理店の事務レベルが書いてあります。レベルの下から、属人的手作業、マニュアルベース、サービス主体、顧客レベルと上がって行きます。最上位の顧客レベルのところに、顧客スケジュールによる事務作業という言葉が出てきて、当時はなんのことか理解できませんでした。

異動の先日付処理を聞いたときに、これが顧客スケジュールだと思いました。

そう分かると、この他にもお客様の保険スケジュールが山ほどあることに気づきました。

例えば、生年月日は年齢条件に影響します。免許更新日も保険に影響を与えます。法人だと決算間近は影響がある時期です。その他、人事異動、結婚・出産というライフイベントという具合に、考えれば数多くの、保険に影響を与えるスケジュールをお客様はお持ちのわけです。

こういう情報をきちんと管理し、保険に影響を与えそうなイベントの前に連絡をするようにすれば、多くの取引を代理店のコントロールで始めることができます。同時にお客様からの信頼も上がります。

このように、先読み作業の対象を広げていくことで、効率化とロイヤルカスタマー増加を同時に実現することができるわけです。

予測しながら仕事をするということは、とても大切なことなのです。

第3章　事務力を戦力に――役割拡大――

1　効率化の目的はコスト削減ではなく戦力増強だ

ゆとりをなぜ作るのか、ということに関し、私の考えを述べてきました。一言で言うと、事務の力を戦力にするため、ということです。

世の中では今でも、効率化を行ってコストを減らすことが効率化の目的だと思われています。グローバル企業では日常茶飯事にリストラを行っています。グローバル企業になると、リストラで人員を減らしても大きな影響がないのかもしれません。また、メディアも、リストラで企業体力をつけるとか、この10年、リストラでぜい肉を落としたから現在の日本の競争力ができたのだ、といった論調が主流です。確かに、私の前職のＩＢＭでも、日常的にリストラを行っていました。そして、それはそれなりに効果があったように思います。

しかし、中小企業においては、リストラは致命的な戦力ダウンにつながる可能性が高いと思います。また、大企業においても金融機関などの、事務が回らないと会社の日常業務が回らない企業においては、事務効率化による事務員の削減は、大幅な戦力ダウンになる可能性があります。

１９８０年代から１９９０年代にかけて、銀行は現場の作業分析に力を入れて、無駄な動線を削るべくオンラインシステムを構築しました。その結果多くの事務員が退職を余儀なくされました。保険会社においても、オンラインによる省力効果は大きく、１９９０年代の終わり頃から２０００年代にかけて、多くの保険会社が事務員の削減を行いました。その結果、銀行においても保険においても、現場の対応力が著しく減退し、現場の事務員を減らすことは経営に大きな影響を与える、ということを実感しました。今でも、当時の人員削減の後遺症の大きさを耳にすることがあるほどです。

また、マーケティングマネジメントでは、コアコンピテンス（中核業務）以外の業務はアウトソーシングすべきだ、ということを述べています。その考えにもとづいて銀行や保険業界では、事務のアウトソーシングを行ったり、コールセンターのアウトソーシングを行ったりすることが当たり前になっています。私も20年前頃はその考えを保険会社の人に説明していました。

しかし、現場の業務力というのは、単純作業を繰り返し行うことによってのみ身につけることができるものです。単純作業を第三者に委ねて、本体はより付加価値の高い業務に集中する、という考えは、ある面では正しく、ある面では間違っています。その業務が中核業務でなければこの考えは正しいでしょう。しかし、大半の作業が手作業で行われいるという理由で、その業務が中核業務でないと思っていたら実はそうではなかったこともあります。

保険においては、契約管理の業務というのは、事務のかたまりであっても、現時点においては中核業務なのです。したがって、リストラやアウトソーシングの対象にすべきではない、と私は考えています。

とくに、保険代理店においては、従業員の数が10名以下の代理店がほとんどです。すべての従業員は何らかの実務をこなしており､繰り返し行う実務によってそれなりの力を身につけています。効率化が行われたとしても、力を持っている人をやめさせる効果と、投資かもしれないけれど効率化によってゆとりができた人を戦力にする効果と、どちらが代理店にとって重要かということです。

現在、ほとんどの代理店が事務作業をパート要員でまかなっています。ほとんどのパート要員はフルタイムではなくても、継続的に一定の業務を行っています。パート要員の個別の事情でパートにしなければならないということもありますが、私は、戦力になりうる要員を、わざわざ戦力にならない要員にしているように見えます。原則は、事務員も社員である、パートは一時的な便法である、と考えます。

保険代理店においては、効率化の目的はコスト削減ではなく、戦力増強であるべきです。そして、事務は代理店においての中核業務です。事務要員はリストラの対象でも、アウトソーシングの対象でもありません。

保険会社も、この同じ過ちを繰り返してはいないようです。この5年ほどの効率化で支社業務にもゆとりができてきました。以前ほどは、仕事に追いまくられるという状況は少なくなってきました。その結果、保険会社では支社の女性社員を代理店接点に積極的に活用しています。代理店もそのことを歓迎しています。事務に強い人が現場を支援してくれるということは心強いことなのです。現場における事務の位置づけの重要性がこのことを見ても分かります。

繰り返しになりますが、保険会社と保険代理店にとって、事務は中核業務であり、リストラの対象にもアウトソーシングの対象にもすべきではありません。効率化ができたら、事務要員を戦力として活用すべきなのです。事務担当者にゆとりをつけ、戦力として活動してもらう。それが効率化の目的です。そして、そのことにより、代理店の、世の中における認知度が上がっていくと思っています。

２　事務の力とは何か

これまでは、事務力を戦力に、ということを繰り返し述べてきましたが、その事務力とは何を意味しているのでしょうか。

事務力とは実務能力です。保険代理店における実務能力とは、商品力、顧客対応力、営業員対応力です。この内容についてはあとから述べるとして、どうやって事務力を身につけることができているのかをまず説明します。

教育の世界では、学習曲線といって学生がある知識を身につける度合を表すことができるとしています。学習曲線とは、ある知識を繰り返し学習することで、学生がその知識をどのくらい身につけたかを測るものです。この考えは知識習得だけでなく、スポーツの世界での技術習得でも、産業の世界での技術習得にも生かされています。それは、人間は同じことを繰り返し行うことで、知識や技術を習得できるようになるという考え方です。

さらに、どのくらいの時間で習得できるようになるかを調べた研究者（心理学者、波多野誼余夫）がいて、その結果を多くの学校が目安にしています。それは、５００時間で初級レベル、１５００時間で中級レベル、５０００時間から1万２０００時間でプロ級になる、というものです。つまり、中級までは一定の時間をかければ到達でき、プロ級には個人差があるが相当な時間を必要とするということです。３か月で初級レベル、約1年で中級レベル、プロ級には3年から10年ほどかかる、ということになります。この時間感覚は、私が代理店でヒアリングしている感覚とも合います。

さて次に、商品力等の実務能力について説明します。

事務要員は計上業務を繰り返し行っています。計上業務の中には、見積書作成、申込書作成を含みます。そうすると、同じ種目でも、契約者によって中身が違うということに気づきます。たとえば、車種や車価が異なると車両保険が異なるとか、弁護士賠償等の特約が異なっているかとかです。また、申込書の中で、エラーが多い項目なども繰り返しの経験で覚えていきます。このように、繰り返しの作業の中から商品に関する違いを見分けることができるようになり、改めて事務規定書の勉強を行うと、経験が知識として集約されていきます。商品力はこのようにして、実務と深く結びついて習得していきます。

顧客対応力も、日々の計上業務で、申込み内容の違いや申込み手順の違いなどを通じて身につけていきます。たとえば、資金力のある人だとか、リスクをきちんと捉えている人とか、ルールに従って申込書を書くことができる人とかです。このような情報が繰り返しによって蓄積されると、お客様からの問い合わせに対しても一定の対応ができるようになるわけです。とくに、要注意のお客様を見分ける力は相当なものであると感じています。

営業員対応力も日々の作業から身についていきます。スケジュールを守る営業、申込書がきっちりしている営業、作業指示が分かりやすい営業、お客様情報を伝えてくれる営業といったことが日常業務を通じて分かってきます。

このような実務能力がついてくると何が起きるのか。それは、日常業務の予測ができるようになることと、あらかじめ不測の事態を避けるための対策が打てることです。

不慣れな商品を取り扱わなければならないときは通常の作業時間の数倍の時間が必要になるとか、特定のお客様からの返事が遅いときは何か不具合が発生しているとか、満期書類が遅れているときは残業を覚悟しなければならない、などの事態への対応力です。そして、できるだけ不都合なことが起きないようにあらかじめ予防をすることもできるようになります。こういうことが起きたら支社の誰に相談したらいいか、社長に相談して解決できることは何か、解決できないことは何かということがわかっているので、何かが起きる前にできるだけ手を打つわけです。

このような実務能力は社長や営業担当者が思っている力を超えています。

多くの代理店はすでに経験していると思いますが、イベントやキャンペーンなどのときに、事務要員が協力してくれるかどうかで、結果が全く異なります。事務要員が協力してくれると、すべての作業がスムーズに運びます。結果として大幅な顧客満足度向上や、新規契約高達成といったことが起きます。事務要員の力を一定の方向に向けることができると、思っている以上の成果を生むことができるのです。

ここまでの説明で、事務力が代理店の中核となる力だということがお分かりいただけたと思います。事務の効率化でゆとりができた事務要員は、リストラの対象ではなく、代理店の戦力として活用すべきなのです。

3　成熟期の事務

前述したように、成長期と成熟期では市場の反応が異なります。成熟期は多くの消費者に製品が行き渡っているので、消費者は製品をほしいという要求よりも、自分が持っている製品をきちんと使いこなしたい、という要求の方が大きくなります。メーカーも製品を供給するよりも、製品に対する問い合わせにきちんと対応することが求められます。

大手保険会社はこのことに気がつき、その方向に舵を切ろうとしていますが、現場は成長期のやり方を踏襲している場合が多く見受けられます。とくに、大手生保でそのことを感じます。テレビのＣＭでは、営業員がお客様の人生の相談相手になっている、ということをうたっていますが、現場の営業員はどうもおっかなびっくりでやっているようです。営業員がそうであるということは、おそらく現場の上司（支社長やマネジャー）がそうなのでしょう。したがって、生保の世界では営業員経由の新規契約よりも、大型乗合い代理店や銀行窓販の方が大きな新契約を獲得しています。この流れに乗り遅れた、もしくはこの流れに抵抗を試みた生保会社が、毎年の保険料収入を減らしていることからも市場の動きの変化が分かります。

損保はどうなのでしょうか。

大型乗合い代理店も銀行窓販も、生保商品の知識は一定レベルまで増えていますが、損保商品の知識はまだ低いようです。更改主体というビジネスモデル、つまり初年度手数料も次年度手数料も変わりがなく、次年度以降も更改作業という大きな負荷がかかる、ということを体で理解していないように見えます。乗合い大型代理店も銀行窓販も、複数の保険会社と取引を行っているので、更改の手間は専業代理店よりもかかると思われます。生保に比べるとコストパフォーマンスが悪いということです。

専業代理店はどうでしょうか。いくつかの大手損保は商品や代理店システムを改善していますので、更改に伴う事務量は大幅に減っています。したがって、同じ保険料を得るのであれば、作業量にはゆとりができています。成長期であれば、営業員を新規開拓に集中させてもそれなりの成果が出たでしょうが、成熟期では、新規開拓はかなりリスクを伴います。既契約者へのサービスを充実させるという戦略をとった方が成功する確率は格段に高い、というのが現在の状況です。

そうであれば、商品ルールや手続きを熟知している事務担当者に、お客様サービスの役割を担ってもらった方が、お客様の満足度も上がります。

徐々にではありますが、そのような代理店が増えてきていると思われます。とくに30代から50代の社長は、幅広く情報を収集しており、成功事例へのアンテナも高くなっています。成功事例というのは市場の変化に対応している事例です。自然に市場の変化に対する合理的な判断ができていきます。

つまり、ゆとりができた成熟度の高い事務員を、お客様に近い役割にするということです。成熟期の事務とは、製品のことを実務レベルで数多く知っている担当者を、お客様の窓口として活動してもらう、ということです。

一部の大手損保会社はこのことに気づき、代理店担当社員を従来の事務担当者に切り替えています。従来の営業社員よりも、商品知識や事務手続きに関しては、事務を担当していた社員の方が役に立つからです。これが、成熟期の事務です。

成熟期の事務に欠かせないものがもう一つあります。それは顧客の購買情報です。いつ何を買ったか、いつ買い換えたか、新しいタイプの商品に対する購買態度はどうか、といった情報を指します。保険でいえば、いつどんな保険に誰が入ったか、ここ数年の異動はどうなっているかという情報です。これらはすべて、契約手続きの記録です。契約手続きの記録を一覧にしておくこと、この重要性が大きくなっています。

事務員がお客様の窓口を担うようになると、お客様との対応の記録も重要になってきます。こういう顧客情報の収集や整理の仕方について、保険会社の代理店担当者（従来の事務担当者）はあまり経験していません。しかし、事務担当者としての仕事のやり方については支社業務で相当訓練されているので、従来の営業社員に比べると代理店業務を早く理解することができるようです。そういう保険会社の社員は、代理店にとって価値が大きい社員になっているように見えます。保険会社の代理店担当者に求められる知識やノウハウも変化しているということです。

〔補足〕現場ではまだ数値目標達成が最優先で、新たな代理店担当者にも以前と同じような数値目標達成を強いているようです。その結果、担当社員のモチベーションが低下したり、代理店の期待と異なる活動をしたりという事例が、多く見受けられます。保険会社の現場レベルへの要求は、いまだに成長期と変わっていないのかもしれません。

成長期の事務員は営業員の補助でした。代理店の戦力とは見なされず、やむを得ないので採用した、従ってパートでいい、といった位置づけでした。しかし、成熟期になると、戦力外だった事務員の価値が上がってくるのです。事務員が繰り返しの作業で習得した知識やノウハウがお客様から見て価値の高いものになっているのです。

成熟期の事務とは、事務担当者が戦力になることです。

4　役割は力だ

役割は力だ、ということを感じ始めたのは、代理店の活動分析を始めてしばらくたった頃でした。２００３年頃だったと思います。

人は立場によって言うことが変わる、といわれていますが、そこでいう立場というのが役割のことです。つまり、役割によって意識も活動も変わります。

典型的な例が武士と町人です。武士は支配階級という役割を負わされ、藩のために命を投げ出すこともいとわないという意識を、幼少の頃から詰め込まれました。そのため、現代から見ると理解できないような行動を取ることもありました。逆に町人は支配される側として自由な役割でした。身分制度による制約はあったものの、自由な行動が町人文化につながったものと思われます。

代理店においても同じです。営業という役割は代理店の業績を背負う屋台骨です。事務は営業を支える縁の下の力持ちです。ほとんどの代理店がこのような意識で動いていました。したがって、事務担当者はどんなに能力があっても、縁の下の力持ち以上のことをやってはいけないという、役割による行動の制約を受けていました。

逆に営業は、代理店の業績はひとえに自分にかかっているということで、必要以上のプレッシャーを感じ、実際の活動でそのことができない場合は代理店を辞めるという選択もしていました。

私は代理店のヒアリングを通じて、営業よりもはるかに能力のある事務担当者にたくさん会いました。そういう事務担当者のほとんどは、能力があることを意識はしていても、自分の活動範囲を縁の下の力持ちにとどめており、それ以上のことについては、考えてはいても口を挟むことはしていませんでした。ある代理店で、事務担当者が代理店の運営について意見を言ったことがありますが、最終的にその事務担当者は退社させられました。その代理店の社長も役割の束縛から逃れることができなかったと思われます。

余談ですが、大手企業の入社式などで経営者が新入社員に対し、自由な発想で会社を変えていってほしいということをしばしば述べますが、私はいつも違和感を覚えていました。実際には新入社員とは仕事のやり方を覚えることが最大の役割であり、会社を動かすことは役割とは見られていないのです。経営者は何でこんな絵空事をいうのだろうか、こういうことをいうのはある程度経験を積んだ社員に対してではないかと、思っていたのです。

話を戻します。ある代理店は、法人中心のビジネスをしていますが、事務担当者の役割を、法人との対応をすべて事務担当者に任せるという役割設定を行いました。すると、事務担当者は日常的な対応は言うまでもなく、更改の内容検討から、更改の申込書受理に至までの仕事をすべて独力でできるようになったということです。この代理店では、社長が新規開拓に専念できるようになり、高い生産性を実現できています。

このように、役割というのは設定の仕方で能力の発揮を制約したり、能力をフルに発揮させたりということに大きな影響を持つものなのです。

役割を変えることができる、このことが中小零細企業の強みです。大手企業においては役割を変えるというのは組織の変化を意味し、常に大きな抵抗に出会います。しかし、代理店のように10人規模の組織においては、役割を変えることは大手企業ほどの難度はありません。しかし、仕事のやり方を変えるよりもはるかに難しいのは事実です。

ここでゆとりが力を発揮するのです。ほとんどの代理店は、キャッシュレスやペーパレスの影響で事務作業が大幅に減ってきています。そういうときの事務担当者の反応はどうなっているか。私がヒアリングした代理店ではかなりの割合で、これで自分はお払い箱になるのではないかという不安を持つ事務担当者がいました。そういう事務担当者は、社長から新たな役割を追加されると、不安が一掃されるので積極的に新たな役割をこなそうとしました。そういう不安を感じない担当者は、自ら新たな役割追加を望むこともありました。いずれにしても、ゆとりができるということは、事務担当者の役割を広げることに大きな影響を持つわけです。

10年前に比べると、明らかに代理店の事務担当者の役割は増えています。計画を立てて役割を増やしたというのではなく、成り行きで、少しずつ増やしてみたら思いがけずうまくいったというのが事実のようです。

事務担当者の能力が10年前に比べて大きく伸びたわけではありません。事務担当者の役割を広げることで、抑えつけられていた事務担当者の能力が発揮できるようになったというだけです。

保険代理店の社長は自らの営業力で成功を重ねてきた人たちです。そういう人たちのもっとも苦手なものの一つが、役割の付与です。役割が力を持つという意識が弱いので、役割付与を軽視してしまいがちなのです。保険代理店も後継者への引き継ぎが増えてきました。後継者の人たちは、ぜひ役割の力の大きさを理解して、社員がそれぞれ能力を発揮できるような役割設定を心がけていただきたいと思っています。

5　事務の戦力化

２０００年代の初めごろだったと思います。ＩＴバブルがはじけて景気が悪くなりました。そのときに多くの保険会社が事務社員のリストラを行いました。多くの中堅の事務社員が会社を去っていきました。

その後、保険会社を訪問するたびに事務の弱さを訴える声を聞きました。事務が弱くなって代理店の要求に応えられない、という声です。

私は当時代理店の事務分析を行っており、代理店の戦力が社長の想定と異なっているということを実感していました。社長は、営業社員が代理店の戦力だと思っているのですが、実際にヒアリングしてみると、戦力になっている営業社員の割合はどの代理店でも小さく、経験をつんだ事務員の方のほうが戦力になっている、ということを多くの代理店で経験しました。そのように感じたことを代理店の社長さんに話しましたが、ほとんどの社長さんは私の話を無視していました。相変わらず事務員はパートでいいとか、事務員は社長や営業員の指示で動く存在であり、自らが組織を動かす役割になることはない、といった価値観を変えることはありませんでした。いまでも大部分の代理店の社長さんはそう思っていると考えています。

たしかに、事務作業というのは決まった手順で行うルーチンワークです。誰でも同じようにやらなければならないので代替もきくはずです。パートでもできると考えるのも無理のないことです。そういうことですから、事務担当者の処遇もそんなに高くする必要はない、と考えるのもやむをえないのかな、と思うこともあります。でも現実は何かが違うのです。

私は飲食店に行くと食事の内容と同じくらい従業員の動きを見ています。とくに、注文を受け食事を届ける人の動きに注目しています。この人たちの役割はお客様の注文を厨房に伝え、厨房から出てきた食事をお客様に配る、という単純作業です。多くの飲食店ではパートがこの役割を担っています。

人気のある店や長く続いている店に行くと、この役割の人たちが他の店と違うことに気づきます。このような店の接客担当者はその店のすべての作業を動かしています。お客様を適切な席に案内する、注文を手際よく聞きだす、注文を適切に厨房に伝え厨房の繁忙度を確認する、お客様が追加の注文をしたい雰囲気があるとお客様が声を出す前に聞きにいくといった具合です。逆にこの役割の人たちがどこにいるのかわからなく、お客様がしょっちゅう大きな声を出しているような店もあります。そのような店に行くと、この店も長くないなと、感じたりしますが結構当たります。

このほかにも家電専門店で買い物をしたあとにその買い物に対して問い合わせをしたときの事務担当者の回答の仕方、文具屋で買い物をしたときに事務員の方に商品のことを尋ねたときの対応の仕方、こういった日常のさりげないところにその組織の力を計るバロメータみたいなものがあります。

一つ一つの作業は単純で価値は少ないかもしれませんが、作業の連なり（これを案件と呼びます）を繰り返し行うことで、作業者には膨大な量の情報が自然に溜まっていっているのです。気がつくと、商品、商品に関する事務手順、お客様特性、営業員特性といった情報が事務担当者に蓄積されていっています。情報量が一定量を越すと人間は無意識のうちにその情報を整理し始めます。代理店の事務担当者には、このような整理された情報が自然に蓄積されていっているのです。

私が何かが違うと感じたことは、事務担当者の力で代理店が存続できている、ということです。飲食店や、家電専門店や文具店と同じように、一つ一つの案件を担っている人がそのお店を支えているのです。したがって、事務担当者の価値を正当に評価できたとすれば、事務担当者を全員パートでまかなうという発想は出ないのではないか、と思うのです。

多くの代理店では、現時点でもすでに戦力として活用できる事務担当者が存在しています。新たな研修を行わなくても役割を変えるだけでこの人たちは価値を発揮できます。追加投資ゼロで価値を発揮できるということは、生産性を上げることができるということであり、きわめて投資効果の大きな施策なのです。

生産性を上げるためには、お客様に近いところにこの人たちを配置すればいいのです。更改業務、お客様からの照会対応業務、契約一覧作成業務といった業務にこの方たちを投入することで、事務担当者が持っているお客様や商品に関する整理された情報を活用することができると考えています。

冒頭に上げた保険会社の例でいうと、課支社で事務を担当していた人たちに相当なノウハウが溜まっているということです。そのノウハウを適切に活用すると課支社の戦力になります。大手損保会社ではこのような役割拡大が実際に行われ始めています。

事務の戦力化に向けて、大きな波が押し寄せることを期待しています。

6　お客様に近い事務

(1) お客様からの照会対応

今から20数年前だったと思います。当時私はＩＢＭの保険営業企画を担当していて、保険会社のＩＴ化の次の目玉として、顧客情報を考えていました。ＩＴの先進事例は日本よりもアメリカに多くありましたので、アメリカのＩＢＭに情報を依頼することも多かったのですが、やはり現場で確認することが一番だということで、数回アメリカの保険会社を訪問したことがあります。

その時に強烈な印象を受けたのがＵＳＡＡという会社でした。ＵＳＡＡというのは退役軍人を対象にした自動車保険に特化した損保会社です。日本でいえば団体の共済保険のような会社です。常識的に考えると、退役軍人だったら自動車保険に加入するときには、まず最初にＵＳＡＡを思い浮かべ、したがってＵＳＡＡは安定した保険ビジネスができているはずだと考えます。しかし、事実は、この会社は長年低迷していました。お客様がどんどん減っていくのです。

１９７０年ごろに就任した社長がこの状況を立て直しました。彼は、就業時間後の本社オフィスの状況を調べました。そこで目にしたのは机の上にうず高く積まれた書類の山でした。あるとき彼は、その書類の山からいくばくかの書類を抜いて持ち去りました。そして翌日以降の対応状況を注意深く見守りました。結果は何も起きなかったのです。彼は持ち去った書類を元に戻しました。この時も何も起きませんでした。すなわち、現場では書類の管理が行われておらず、書類を探し回ることが日常的に行われていたということです。お客様の立場から見ると、自分が照会した案件の結果がいつまでたっても分からないということが、日常的に行われていたということです。これではさすがにお客様が去っていくことでしょう。

そこで、社長は顧客ファイルプロジェクトを立ち上げ、書類の管理を徹底し、お客様ごとの照会履歴をとるようにしました。このプロジェクトの効果は目覚ましく、低迷していた業績は上向き始めました。さらに彼は、顧客ファイルをオンラインで見られるようなシステムを構築しました。より素早くお客様からの照会に対応することを目的としたものです。

私が訪問したのは、オンラインによるお客様からの照会対応が定着してから数年後のことでした。そこでとても印象に残ることを聞いたのです。

コールセンターを見学した時のことです。コールセンターのオペレーターの机には大型ディスプレイが二つ置いてありました。片方にはお客様の契約内容、片方には照会履歴が表示されています。この二つを見ながらお客様に対応するわけですが、オペレーターに要求されていることは1回の電話で照会を完了させることでした。その頃の日本の常識は、お客様からの照会に対しては、照会内容をよく聞き、それへの回答を間違えないように書類をじっくりと確認して行う、というもので、したがって折り返し返事をするというものでした。

しかしUSAAは1回の電話で回答までする、ということをオペレーターに要求していたのです。その理由は二つです。

一つは折り返しの電話はお客様のコストが増えるということです。折り返し電話を待つ時間、留守の時にかかってきたら改めて電話をかけなおす時間がかかります。お客様に時間がかかるということはすなわち、お客様にコスト負担をかけていることになります。同様にオペレーターのコストもかかります。経験によれば、1回の電話で回答することに比べ、折り返し電話は5倍のコストがかかるということでした。

二つ目は、お客様の満足度が下がるということです。1回で回答を得られるとそこでお客様の不安は解消します。しかし、折り返しになるとお客様にとって不安定な状況が続くわけです。人間は不安定な状況が続くことを嫌います。

この二つは私にとって常識を覆される思いがしたものでした。いたるところでこのことを吹聴しました。しかし、当時は技術的に難度が高いので具体的なことは起きなかったように思います。

2000年から代理店の実務分析を行うようになり、このことを代理店にも話すようにしました。いくつかの代理店がこの話に納得し、実際にそのように対応することにしました。お客様からの照会や対応履歴は、顧客ファイルもしくは連絡ノートに書くことにしました。

結果は、お客様からの高い評価を得ることになりました。お客様は驚き、感心し、感謝したということです。電話対応を変えるだけで、ふつうのお客様がロイヤルカスタマーに変わっていくのです。

時が移り、代理店事務にゆとりができ始め、顧客ファイルや対応履歴が保険会社や市販のシステムでできるようになりました。また、CTIといって、お客様から電話があるとお客様情報が自動的に端末に表示できるような技術も出てきました。

多くの代理店がお客様からの照会に対しその場で回答するということを実施しています。

そこで課題になるのが顧客情報です。対応履歴やお客様の属性に関する情報が瞬時に分かれば、事務担当者は安心して回答できるといっています。しかし、現実はお客様属性や対応状況を事務担当者に知らせないで、自分で握ってしまう営業担当者が多いのです。とくに社長やベテラン営業担当者にこの傾向が強く、したがって、社長のお客様やベテラン営業員のお客様からの電話は取次ぐだけになってしまうことが多いそうです。じつにもったいないことだと思います。

でも、お客様からの電話照会を事務担当者の役割とする代理店が多くなっており、事務担当者の役割拡大の第一歩になっている代理店が増えてきていることは事実です。この傾向が続くことを期待しています。

⑵お客様への案内確認

今から４年ほど前に、代理店の還流率に関わる活動を調べたことがあります。還流率に関する詳しい定義は分かりませんが、前年度の更改時保険料と今年度の更改時の保険料を比較したものだったというように記憶しています。前年からの継続落ちや、保険料低下をマイナス要因とし、今年度の更改時の契約内容変更による増収をプラス要因として計算していたように思います。

さて、そのときに還流率を落とさないための方策として、継続落ちを減らすことができないか、ということを実証している事例を調べることにしました。そして、いくつかの代理店で実施して継続落ちを減らすことに役立っている活動が見つかりました。

それは、更改案内がお客様に届いた頃、代理店の事務担当者がお客様に電話を入れ、案内が届いているかどうかの確認をすることでした。届いていれば、後日営業担当者が内容の説明と、更改手続きを行う旨伝え、お客様の都合のいい日時を聞き出すというものです。

これだけのことですが、実施している代理店は、すべての事務担当者がこの活動をスムーズに行えるようスクリプトを用意したり、ロールプレイングを行っていたりすることも分かりました。結果として、明らかに継続落ちが減ったということです。もちろんその代理店の還流率も上がりました。

この調査は保険会社と一緒に実施したので、その会社はこのことを全店に伝え、還流率向上のための大きな動きが起きました。

すべての代理店で効果があったわけではありません。事務担当者が仕事に追われている代理店では、事務担当者がこの活動を引き受けることができませんでした。新たな活動を追加するだけの時間がないのです。営業担当者は飛び回っていますので、この活動を着実に行うことができません。つまり、この活動は事務担当者しか行えず、事務担当者はゆとりがないとこの活動を引き受ける余裕がないということです。

しかし、この活動が定着した代理店は、事務担当者が更改活動の一端を担いうるということを肌で感じました。しかもお客様はこのことを評価しているということも分かりました。評価しなければ継続落ちが減ることはあり得ないからです。

ある代理店はこの活動をさらに進めて、案内到着の確認を行った時に、営業担当者の訪問スケジュールをその場で決めてしまうことにしました。お客様にとっては1本の電話ですべて決めてしまった方がいいからです。お客様の評価は高く、このスケジュール決めは感謝されました。

でも、どうやれば営業担当者の訪問スケジュールを事務担当者が決められるのか。

当然のことながら、営業担当者のスケジュールをすべて把握していなければなりません。逆の立場でいえば、営業担当者は自分のスケジュールをすべて事務担当者と共有できていなければならないのです。営業担当者にとっては、新たな活動が追加で発生するということです。

しかし、この活動を行った代理店の話では、営業担当者からも高い評価を得て、この活動が定着していったということです。なぜか、理由は二つあります。

一つは、営業担当者がお客様のアポを取ることは、かなりの時間を要していたということです。アポ取りをしなくてすむことで、営業担当者にゆとりができました。自分のスケジュールを共有する手間よりも、アポ取りの手間の方が大きかったわけです。

二つ目は、訪問を効率的に行えるようになったということです。事務担当者は営業担当者のスケジュールから、その時間帯にどの場所に行っているかを判断できます。従って、お客様に対し、こちらから日時を示すことができます。このことはお客様から抵抗を受けると思われるかもしれませんが、ほとんどのお客様は事務担当者の申し出に素直にしたがってくれるものなのです。これもこの活動で得たノウハウでした。

まだ、多くの代理店では、対応履歴も記録しない営業担当者がいますので、自分のスケジュールをすべて共有することができない営業担当者もたくさんいます。この活動もすべての代理店でできるわけではありませんが、事務担当者の役割を広げることで、営業担当者の活動の効率化ができたという事例です。このように、お客様への案内や簡単な交渉が事務担当者にもこなせることが分かったことは、大きな収穫でした。

このあと、多くの領域で営業担当者しかできないと思われていた活動が、事務担当者でも行うことができ、お客様の評価もその方が高いという事例が出てきました。

一つ一つについて詳細は割愛しますが、事例だけを紹介します。

・振込不能のお客様への振込案内：意外とハードルが低かったと実施した代理店は言っています。

・来店誘導：お客様に代理店に来ていただいて更改や異動の手続きを行うことです。対応は事務担当者が行います。

・電話更改：すでに多くの代理店が行っています。

事務担当者の役割をどこまで広げることができるか、それは頭で考えて分かることではなく、成功事例や失敗事例の情報を集めることで見えてくるものと思います。ただ、以前の常識を越えるところまでできるということは明らかだと思います。

7　T社での体験

２００９年から２０１４年までT社で代理店の業務改革を一緒に行いました。業務改革というと大げさに受け取られるかもしれませんが、実際に相当の変革があったと思います。

T社は２００８年に自社の業務改革を行い、支社における事務作業を大幅に減らしていました。そのやり方は、いわゆる業務プロセス改革（ＢＰＲ）です。典型的なＢＰＲだと思っています。検討段階から数えると約7年の月日を費やし、商品、事務、ＩＴの大幅な改革を行いました。これだけ大規模で、これだけ変革の度合の大きなＢＰＲはそれほどないと思います。しかも、完璧な成功でした。

私はこの改革には参加しておらず、一緒に活動している中で、推進者や核になって活動をした人や、検討段階からの活動記録などを読ませてもらい、このＢＰＲの中身を当事者の言葉から学んだわけです。

私が一緒に活動を行うようになったのは、自社で成功したこの改革を代理店にまで広げたいということからでした。当時私は、代理店の事務担当者や営業担当者の具体的な活動内容をもとに、代理店の実務の研究をしていました。この研究を通じて、代理店の事務効率化の必要性や事務担当者の戦力化などを発言していましたので、

T社の考えに一致していたのではないかと思います。

とはいっても、私自身は保険商品や事務規定を勉強したわけではなく、具体的な活動経験もなかった、いわば素人に毛の生えたような知識しかありませんでした。私の強みは、業務プロセスの分析経験と、業務プロセスのレベルを数値で表すというものでした。それを武器にして、どこまで役に立つのか見通しもはっきりしないままで、一緒に活動することになったわけです。

具体的には、T社が代理店事務支援として作った制度を、効果が出るように運営することでした。本社の推進責任部署の方たちと一緒に、現場の情報を集めながら、どういう活動が代理店に受け入れられて効果を出しているか、逆にどんな活動が代理店から反発を受けるのかということを一件ごとに調べ、代理店の反応の底に流れている意識を探るという仕事をしました。

その結果、代理店は自分たちの仕事の内容を真剣に聞いてくれる人を受け入れていることが分かり、まず、「行って、見て、話を聞こう」、という方針を出しました。

次に、代理店を支援する支社の社員が、自分たちが成功したやり方を伝えると、代理店はそれを素直にやってみてくれる、ということも分かりました。こうやって、少しずつではありましたが、支社の担当社員が代理店の状況を理解できるようになり、代理店もそういう社員を受け入れるようになりました。地道な活動でしたが、前進しているという実感を持った覚えがあります。

代理店は自分の代理店の事務経験しか分かりませんが、支社の社員は複数の代理店を支援していますので、代理店による事務の違いを知ることができます。さらに、そのような情報を集めている本社の推進部署は、全国から膨大な情報がきますので、より多くの事例を比較することができます。そういう活動を通じて、代理店の事務効率化を阻害している要因が分かったり、解決している事例が分かったりします。

私は、そういう情報をもとに、代理店の事務活動をいくつかに分け、それぞれの活動をレベル付けすることを行いました。こうやって事務活動を数値で表すことによって、その代理店の事務レベルが分かりやすくなり、支社の社員がどこを重点的に支援した方がいいのかが分かりやすくなります。本社の推進部署は、そのような数値化手法をまとめ、支社の社員にすすめました。

こういった地道な活動が効果を生み、この活動を始めてから3年目あたりから、代理店の事務作業が減っていることを、多くの代理店が実感し始めました。4年目に事務作業時間の測定を行い、業務改革前の事務作業時間が大幅に短縮できたことが、数値として把握できました。

そして、事務効率化の次のステップである、事務担当者の戦力化が具体的になってきたのです。その頃はすでに、多くの代理店では事務にゆとりができ、事務担当者が自ら新たな役割を担うという事例が出ていました。新たな役割とは、よりお客様に近い仕事を担うということです。お客様の照会に対し、事務担当者がその場で完結するとか、振込不能のお客様への案内を事務担当者が行うと行ったことです。

この活動を終える頃には、代理店の内務事務作業は、以前と一変していました。相変わらず事務作業に追われている代理店もありますが、一定規模以上の代理店ではほとんどの代理店が、事務担当者のゆとりを実感していました。そして、事務担当者の戦力化も相当程度実現していました。

商品・事務・システムを変革したことが事務の変革の成功要因であることは間違いのないことです。しかし、それだけでは代理店の実務レベルの変革を実現できません。商品・事務・システムの変革と、その効果を得るための仕事のやり方変革とを、粘り強く、一貫性を持ってすすめる活動が必須です。そのことを体験できた5年間でした。

〈コラム〉責任担当と実施担当

今から10年以上前だったと思います。その頃、事務担当者の役割分担をうまくやっている代理店を探していました。事務担当者の役割をどこまで広げると生産性を上げることができるのか、ということを考えていたからです。

経営品質活動を行っている望月広愛さんがお書きになった『超お客様満足主義』（同友館、２００４年）に、ある代理店の寄稿があり、望月さんにその代理店を紹介していただきました。

その代理店を訪問したとき、そこの社長が、「責任担当と実施担当に分けて役割を決めるようにしたら、役割通りに仕事ができるようになった」という話をしてくれました。この言葉は、その後繰り返し思いだし、全くその通りだと強く思うようになりました。

責任担当者とは、その活動について管理責任を持つ人のことをいい、実施担当者とは、その活動を実際に行う人のことをいいます。大きな組織になると、いわゆる管理者が責任担当者の役割を持ち、部下が実施担当者ということになります。しかし、代理店は小さな組織ですので、役職者を作ることは非現実的です。そのときに、この考えが力を発揮するのです。

たとえば、代理店の計上業務の品質責任者を置くとします。この担当者は、代理店の計上業務の不備の管理を行います。不備の割合の目標を定めたり、実際の不備状況を全員に知らせ不備改善がどこまで進んだかを報告したりします。このとき、責任担当者の要請には実施担当者は従う、というルールを作っておくのです。

この考えにより、10名くらいの代理店が組織の力を意識するようになるきっかけができます。事実、この代理店を訪問したあと、複数の代理店が役割を決めるときに役に立ちました。多くの代理店は、役割を決めることには関心を持っているが役割を決めても誰も守らない、というジレンマを抱えていました。そういう代理店に責任担当者を置くようにしてはどうかという提案をすると、そういう考えがあったのかと納得し、責任担当者を置くようになりました。実際、責任担当者を置くと、役割通りに活動するようになったという声を多く聞きました。

責任担当は定期的に変えることも可能です。責任担当を新たに担った人は、その活動について今までより深く関わることになります。そうしないと責任担当の役割を果たすことができません。人間は役割に非常に忠実な生き物なのです。

代理店の活動の中で重要な活動には責任担当者を置くことをおすすめします。どういう活動が重要かは代理店によってもタイミングによっても異なります。しかし、どんなに短期的な活動であっても、責任担当を置くことによってその活動が締まってくるものです。

そういう中で、代理店の業績にも関係する役割の設置事例をご紹介します。すでに多くの代理店で実施されていますので、納得される方が多いと思います。

それは、更改業務の進捗責任を置くことです。

更改業務はほとんどの代理店従業員が関係します。そして、更改業務の進捗は代理店にとって更改手数料に影響を与える重要なものです。しかし、多くの代理店では、お客様との対応は営業担当者がおこない、申込書を受け取ったあとは事務担当者が行うというように、実施担当者は異なっています。問題は、営業担当者の実施状況管理が、営業担当者自身に任されていることが多いということです。

社長も、自分の更改活動で手一杯になることがあり、更改の進捗には目が届かないことがあるのです。結果として、継続率の低下すなわち継続手数料の目減りということになります。

進捗管理の責任担当を置くことが、この問題を解決するのに貢献しているという事例を数多く見てきました。責任担当は一定の経験を積んだ事務担当者が担います。この責任担当者は事務担当者の活動だけでなく、営業担当者の活動も管理します。所定の期間内に更改が終わっていない場合は、担当者名、お客様名を会議の場で報告するという役割を持ちます。社長が自分のことで忙しく、全体を把握できなくても、責任担当者が状況を見て報告してくれるのです。

このほかに、今後代理店の存在に影響を与えるかもしれない、お客様との対応記録についても、責任担当を置くことをおすすめします。この責任担当者も事務担当者がその役割を担うべきだと考えます。お客様に会うようなスケジュールになっているのに、会ってどういう対応をしたのかが記録されていない場合は、その旨を会議の場で報告し、実施担当である営業担当者に気づきを与えるという役割です。まだ、ほとんどの代理店がこの役割付与を行っていないようです。従って、対応記録を取るということがかけ声倒れになることが多いのです。業法改正で対応履歴は必須のことになってきていますが、この活動を定着させるためには責任担当を置くことが必要だと思っています。

このように、代理店にとって重要な活動には、必ず責任担当を置き、その役割を事務担当者に担ってもらう、ということを強くおすすめします。少人数で品質の高い活動を行うための代理店の知恵ではないかと思っています。

第4章　成功確率の高い案件を選ぶ——層別化——

1　層別化の基本的な考え

層別化というのは経営資源をどう配分すればよいか、を整理したものです。こう書くと分かりにくいと思いますが、代理店においては営業員の営業時間をどのお客様にどのくらい使うかということです。一つの事例で説明します。少し理屈っぽいですが我慢してください。

10名のお客様がいます。お客様に対する活動はどのお客様も同じだとします。お客様によって、同じ活動を行っても成約する確率が高い方と低い方がいます。

ケース1では、10人のうち9人が成約率1割です。残りの1人は成約率が5割です。そうすると、10人に対して同じ活動を行った場合成約件数は1.4件になります。

片やケース2では、9人が成約率5割で、1人が成約率1割です。同じ活動を行った場合、成約件数が4.6件になります。

もし、代理店が営業活動を行う場合、ケース2のように成約率の高いお客様を見分けることができれば、同じ営業時間を使っても、ケース1の3倍以上の成約件数になります。

経営者であればだれでも、お客様の成約率をあらかじめ予測できるとありがたいと思うはずです。

これを実現できるようにするのがマーケティングセオリーです。

営業活動の効率を表す言葉として次のような言葉があります。

「新規のお客様に買ってもらうためには、既存のお客様のリピート購入の5倍のエネルギーが必要である」。

これは、アメリカで１９８０年代に調査された結果です。このことが、既存のお客様をきちんと管理することが、営業活動を効率的に行うやり方である、というお客様との関係を管理するＣＲＭ（Customer Relationship Management 顧客関係管理）になりました。

層別化というマーケティングセオリーはさらに進めて、既存のお客様にもリピートしてくれるお客様となかなかリピートしてくれないお客様があり、お客様を層別化することで、リピートしてくれるお客様を見分けることができる、というものです。

次項以降でその理論を少し詳しく説明しますが、私はこのセオリーを約20年間使ってきました。その結果、このセオリーは９割以上の確率で当てはまる、という経験をしました。現在もこのセオリーに従った層別化を支援していますが、まず外れはないと体感しています。

２　成功している代理店から学んだこと

代理店の生産性をどうやったら上げることができるか。これが、私が追いかけているテーマです。

持続的に成長している保険会社の成功要因は、顧客の絞り込みと、顧客に合った商品開発と、顧客接点における即時取引完了であることはこの本の初めのところで述べましたが、この要因を代理店にも適用できるか、適用するとしたらどこまで具体的なやり方にしたらいいのか、というのが２００５年頃のテーマでした。

２００６年の夏に、ある代理店を訪問しました。その代理店の社長から聞いた話は、私がそれまで考えていた仮説を裏付けるものでした。しかも、具体的な形を伴ったものでした。この代理店の話は少し後に回し、仮説を立てたいきさつを紹介しますが、これも代理店における成功事例からでした。

最初の代理店に会ったのは１９９４年頃のことでした。その代理店はお客様のランク付けを行っており、最重要のお客様に対し年に一度、既契約の内容を、時間を取って説明するという活動を行っていました。最重要のお客様というのは、保険料が大きいだけでなく、毎年追加の契約がでて、その代理店に信頼を置いているお客様です。契約内容を説明するときのことを、その代理店の社長は臨場感を持って説明してくれました。

まず、契約一覧を作るのですが、当時は名寄せの技術もなく、手作業で名寄せ作業を行い、契約内容一覧を作っていたそうです。その作業は1件作るのに半日以上かかっていました。何とか機械化できないかと地元のシステム業者に頼んで、契約一覧を作るシステムを開発していました。私が訪問したときはそのシステムで契約一覧を作っていました。

さて、その契約一覧をもとにお客様にアポを入れ、説明時間を取ってもらいます。契約一覧をもとに、契約内容の説明を丁寧に行っていくと、同じ話を前年にも行っているのに、お客様は初めて聞くというような顔をされるそうです。そして、説明している途中で質問が出始め、質問に答えていると新たな案件ができて、追加契約ができるそうです。すべての最重要のお客様が追加契約まで進まないにしろ、高い確率で新たな案件ができ、そのほとんどが成約に至るということでした。しかも、お礼を言われて高い評価を受けるということです。

その結果、その代理店は従業員ひとりあたりの売上高が１５００万円になったということです。営業4名、事務2名で９０００万円の手数料収入でした。

このことから、私は次の仮説を作りました。

お客様を層別化し、最需要のお客様に対し既契約内容の説明をじっくり行うことが生産性を高める要因になる、という仮説です。

この仮説は前項のセオリーと一致しています。すなわち、リピート契約率が高いお客様が最重要お客様で、活動のやり方は既契約説明だということです。

2000年頃から層別化を代理店に勧めてきましたが、生産性の高い代理店でも、この仮説どおりの活動を行っているところはありませんでした。仮説が間違っているのかと思うこともありましたが、仮説はマーケティングセオリーにも合っているので、この活動を続けました。

2006年夏に訪れた代理店は、まさに仮説通りの活動を行っていたのです。しかも生産性は2000万円でした。営業2名（社長を含む）、事務3名で手数料収入1億円でした。

社長から聞いた話は、個人の更改はほとんど事務担当者が行い、営業は法人に注力する。社長は最重要の法人顧客に的を絞り営業活動を行う。最重要法人は約30社で、社長はその法人の情報を一覧にして、毎日その一覧を眺めることを日課にしていました。

最重要顧客は、業績が伸びていてその代理店に信頼を置いているお客様です。信頼してくれているので、お客様のすべての保険、損保だけでなく生保もその代理店の契約になっているということでした。

毎日眺めながら、この契約内容でお客様の保険リスクをすべてカバーできるのか、業績の伸びに今の契約内容はついて行っているのか、このお客様がより業績を上げるための課題は何か、その課題を解決するために自分は何ができるかということを考えるそうです。そのような疑問を解決するための材料を集め、最重要法人顧客を頻繁に訪れ、契約内容の変更や追加契約の提案を行っているそうです。その結果が高い生産性になっているということでした。

ようやく仮説を裏付ける2件目の事例を見つけたと思いました。

この仮説は、成熟期市場で定説になっている「新規顧客獲得は既存顧客からのリピート契約の5倍のエネルギーを必要とする」ことと、マーケティングマネジメントの市場セグメンテーションセオリー（次項で説明）に合致したものです。

当時の私は、セオリーは正しいと思っていましたが、セオリーが正しいことを証明するためには、裏付けとなる事例をできるだけたくさん集める必要があると考えていました。まだセオリーに確信が持てないでいたわけです。

この二つの代理店が例外的な成功事例だったのか、ということはその後も課題として持ち続け、2店の成功事例を普通の代理店に適用するやり方はないかという模索がこのときから始まりました。

3　層別化のやり方

(1)市場ポジショニング

層別化と一口に言っても、具体的には多くのやり方があります。1項で説明したリピート購入していただけるお客様を見分ける層別化のやり方には、これから述べる市場ポジショニングというやり方が適切だと思います（このやり方を実際に適用して、高い確率でリピート顧客を見分けることができました）。

市場ポジショニング（自社及び製品の位置づけを行う層別化）は、やり方が決まっています。GEマトリックスやBCG等、いくつかのやり方があり、それぞれ少しではありますがやり方が異なっていますが、大筋は同じ

図５　顧客層の戦略的位置づけ

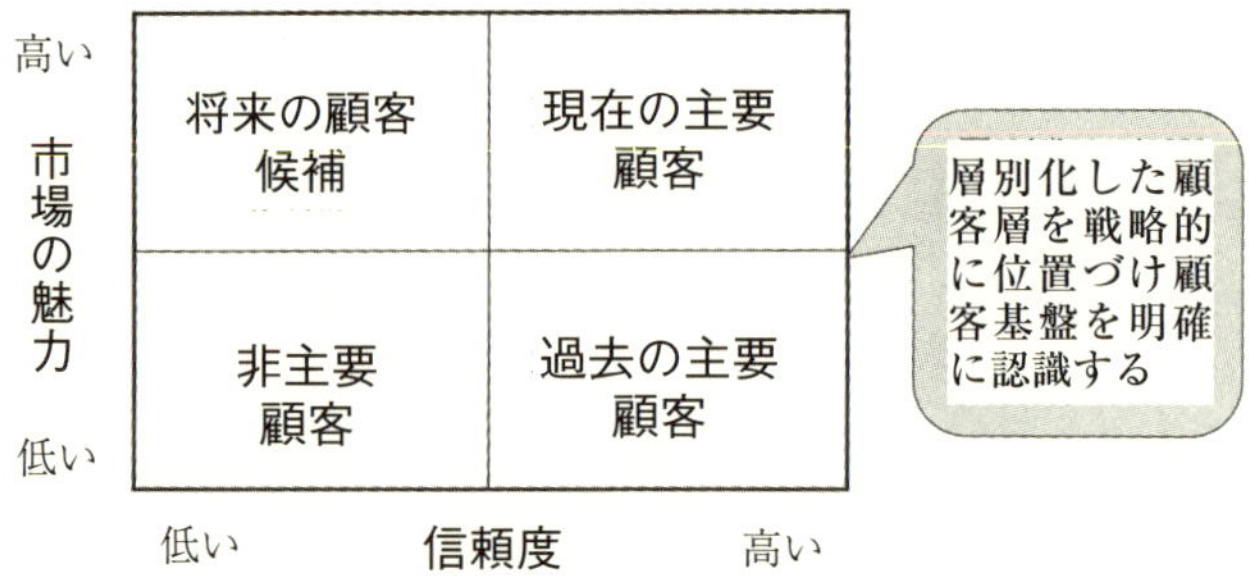

です。

私が使っているのはＩＢＭが採用したＳＰＡＮ（Strategic Position Analysis）というやり方です。

二つの軸で市場を分けています（図５）。一つは競合の強さです。競合が強いとは競合が起きた場合の勝つ割合をいいます。商品だとアップル製品のように他社と競合しても購入する割合が高い商品です。お客様の場合は、商品もしくは販売者の強みを理解し、優先的に商品を購入していただけるお客様です。

二つ目の軸は市場の魅力度です。市場の魅力とは商品提供者にとって市場が魅力的かどうかです。商品でいえば、販売量が多く利益率が高い商品です。いわゆる主力商品がこれに該当します。お客様でいえば現在も購入額が大きく、今後も増えると想定されるお客様をいいます。

この二つの軸で商品やお客様を評価し、それぞれに点数をつけます。下から上へ、左から右へ点数が高くなるように位置づけを行います。そうすると競合度の高い商品やお客様は右側になり、競合度の低い商品やお客様は左側になります。また魅力度が高ければ上になり、低ければ下になります。このようにして市場を四つの区分けにします。

点数づけは業界や会社によって異なり、基本的には評価者の裁量に任せます。ただし、地域や業界や商品が決まってくると、自ずと採点基準も決まってきて、裁量の余地は少なくなります。私は専業代理店を対象にした採点基準を作って

図6　層別化営業のセオリー

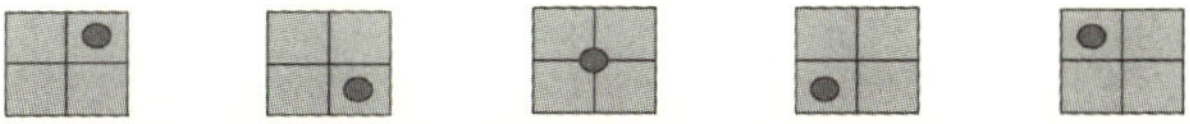

	成長への投資	市場でのポジションの維持	選択的	資金の管理	成長の機会
製品	差別化，商品ラインを増やす	好調商品への絞り込み	品質に重点を置いた差別化	縮小	差別化，商品ラインを増やす
価格	シェア拡大のため業界をリードする価格設定	安定価格もしくは値上げ	維持もしくは値上げ	値上げ	シェア獲得のために積極的な価格設定
チャネル	販売を拡大する	広い販売を維持	特定セグメントへ	徐々に縮小	限定的
広告・販促	積極的に行う	限定的	限定的に維持	最小限	積極的に行う

います。

(2)市場ポジショニングによる選択と集中

商品やお客様を上記のような方法で区分けすると、四つの象限ができ、それぞれの象限が特徴を持った市場として識別できます。

最も重要な象限は右上の象限です。商品であれば主力商品であり、お客様でいえばロイヤルカスタマーです。この層の取り扱いで企業の経営が決まってきます。この層には経営資源を最も多く投入しなければなりません。 能力のある人材を投入したり、販売ルートを拡大したり、広告宣伝に力を入れたりといったことです。

それぞれの層に応じてどんな戦略をとることが望ましいかを、上記の市場ポジショニングはやり方を定めています（図6）。つまり、市場ポジショニングとは、市場を層別するだけでなく、層別した市場の戦略まで定めることを指します。多くの方が誤解しているのは、層別化とは市場をある基軸で区分けすることだけだと思っていることです。

層別化は活動につながるものでなければなりません。市場を層別し、それぞれの市場にどのくらいの経営資源をどのように配分するかを決めるのが層別化なのです。

この考えを適用して成功を収めた代表的な事例がＧＥとＩＢＭです。

図７　代理店の層別

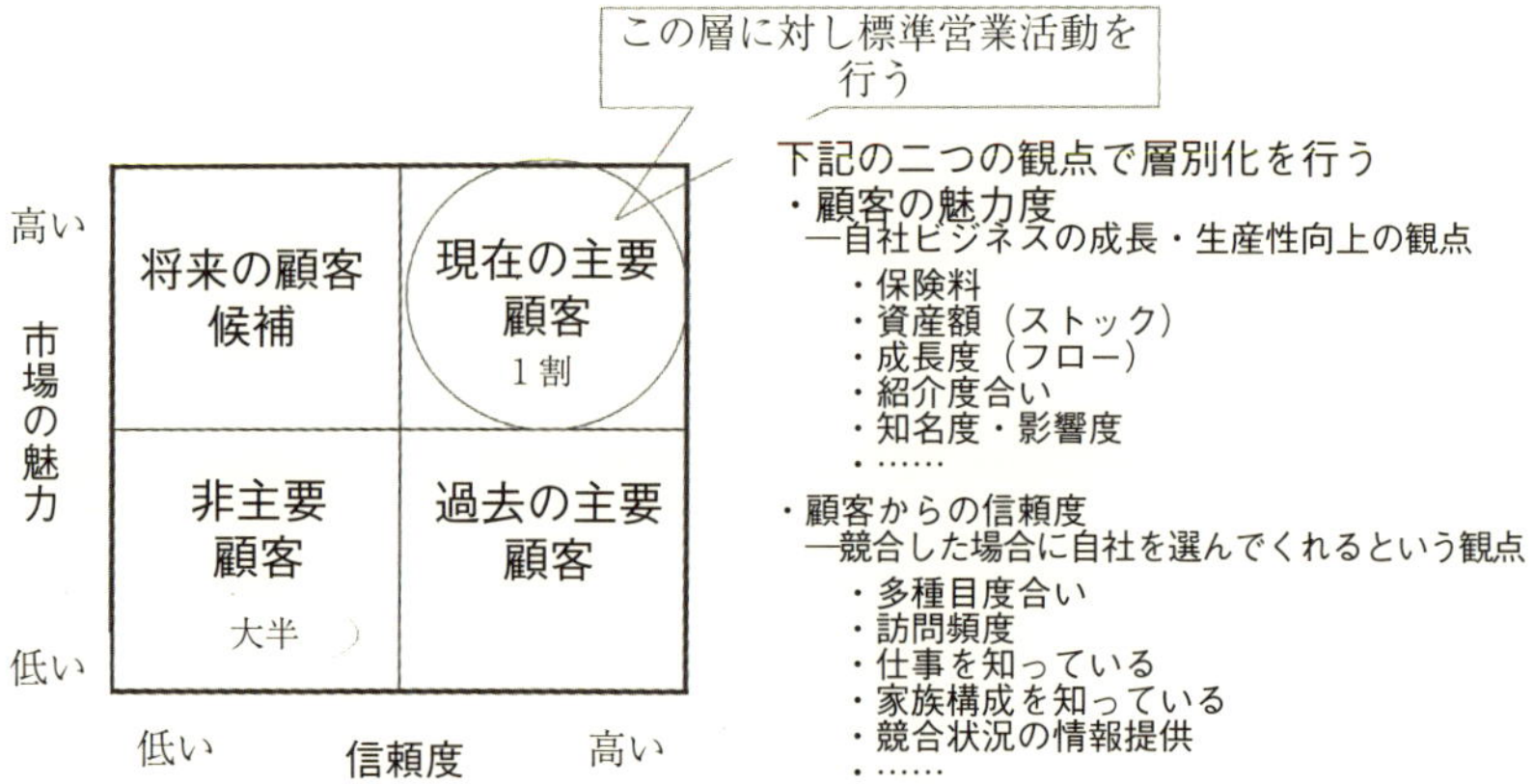

右上のお客様（ロイヤルカスタマー）の期待に応えることを優先する

ＧＥは有名な選択と集中という考えで商品の絞り込みを行いました。１番か２番の商品を選んで、経営資源を集中するということです。ＩＢＭはリピート契約の多いお客様をラージカスタマーと呼んで、この層のお客様に経営資源を集中投入して、長期にわたり成長を続けました。

(3) 専業代理店への適用

私が作っている専業代理店用の基軸は上のようなものです（図７）。

まず競合度合ですが、代理店における競合度合はお客様からの信頼の大きさとほぼ同じです。信頼の大きさをどうやって測るかですが、試行錯誤の結果、お客様の情報量で測ることが妥当だと考えています。情報量とは、家族構成、生年月日、職業、資産、業績（収入）、他社情報といったものです。こういった情報はすべてお客様が教えてくれなければ分かりません。お客様は誰にでも教えることはなく、信頼している人にだけ教えます。この情報に加え多種目度合も含めて信頼度を測っています。

次の保険もその代理店から購入するというのは、お客様が代理店を信頼しているからです。競合の強さイコール信頼度の高さというやり方を10数年間行っていますが、外れは少ないようです。

市場の魅力度は次の項目で測ります。保険料、業績、資産です。これらはすべて保険リスクの大きさと関係します。保険は誰でもが同じ量で必要としているものではなく、保険リスクの大きさに応じて必要量が変わります。代理店にとって魅力のあるお客様とは、保険リスクの大きなお客様だという考えです。この基軸も今のところ妥当なようです。

(4)リピート購入顧客層の割合

上記の基準で実際に層別化を行ってみると、多くの代理店では右上の層(ロイヤルカスタマーに相当する層)は全体の1割くらいで、その層に対して後述する標準営業活動を行うと、約5割の確率で新規契約が成立しています。

そのほかの層が9割ですが、その層の成約率は現時点では分かっていません。推定ですが大幅に成約率が下がると思われます。

(5)右上の層に対する戦略を定める

層別化の結果、それぞれの層に対する戦略を定める、ということを述べましたが、実際に層別化を行ってみると少し考えが変わりました。

それは、代理店にとってみると、市場は大きくないわけですから、四つの戦略を定める意味はあまりないということです。戦略は一つで十分です。その一つとは右上の層に対する戦略です。

右上の層は、いわゆるロイヤルカスタマーです。この層に対する戦略が最も大切です。この層への対応が十分でないときに、どうして他の層に対する戦略を定めることができるか、というのが多くの失敗を経験したあとの結論です。最優先で、右上の層に対する活動を定め、定着させることです。

私が進めている層別化では、層別化を行ったあと、右上の層に対する活動だけを定めます。他の層に対しては今までと同じやり方で構わないということです。右上の層に対するやり方を経験し、要領を覚えることが最優先なのです。

この15年、層別化を行うたびに多くの代理店が、右上のお客様に対し間違った対応の仕方をしていることが分かりました。真逆の対応をしているのです。右上のお客様は我々を信頼しているから、そんなに頻繁に会わなくても大丈夫だ。それよりも新規開拓に力を入れなければならない、という考えです。これはマーケティングセオリーとは対極をなす考えです。これではロイヤルカスタマーはなくなってしまいます。

というような経験をして、現在は右上のお客様に対する対応をマーケティングセオリーにもとづいたやり方にするように支援しています。このことについてはこれから具体的に述べていきます。

4 層別化との出会い

私はＩＢＭ勤務30年のうち10年を営業企画部門で過ごしました。初めのうちは先輩が敷いてくれた路線をその通りに実施していきました。先輩たちが退職したあと、どういう路線にするか自分なりに考えてみることにし、前述したようにアメリカの成功保険会社の事例を調べ、日本の保険業界にどんな示唆があるのかを考えました。その結果、日本におけるＩＴシステムの方向性みたいなものを自分なりに掴んで、その方向とＩＢＭの商品戦略とを結び付けることが自分の仕事だと考えるようになりました。

マーケティングの理論に出会ったのは企画の仕事を始めて5～6年経った頃だったと思います。何気なく、マーケティングの教科書的な本を読んでいると、自分がやっていることのかなりの部分がその本に書かれているようなものと同じだということに気づいたのです。読んでいて、何度も何度も驚き、本にマーク付けをする習慣がなかったのにも拘らず、随分たくさんのところにマーク付けや付箋張りをした覚えがあります。

それからは日常の業務にもマーケティングの理論を適用しようとこころみ、それなりの成果を出しました。マーケティングについては、自分は中堅クラスのスキルがあると自負もしていました。

しかし、ＩＢＭがマーケティングの大学コースを設置し、ダブリン大学の専門の教授によるコースに参加した時に、自分のスキルが生半可なものであることに気づかされたのです。それは、卒業試験で、二つの事例に対する対処方法を論文で提出するというものでした。私はその試験に2度落ち、3度目にようやく合格したのです。最初の2回は、事例に対して、自分の経験をもとに回答していたのですが、3度目の時、コースで学習したことをそのまま適用すると、それまで霧の中だった状況が、霞が取れるように見え出し、回答が自明なものになっていったのです。恥ずかしい話ですが、マーケティングを学習しながらも、実際の事例に適用するときには、自分の経験しか使っていなかったということです。独断と思い込みよりも、世界中の事例から導き出したマーケティング理論の方が、はるかに現実を見えやすくするものだということを体で感じました。

その経験をもとに、ＩＢＭの最後の一年をマーケティング部門で過ごし、ＩＢＭがマーケティング理論をどのように使っているのかを勉強したり、試してみたりしました。そこで分かったことは、部門によるバラツキと、グローバルと日本とのバラツキでした。

商品に責任を持つ部門は、グローバルな基準が各国にも適用されていて、グローバルな基準がマーケティング理論に忠実であったため、日本においてもマーケティング理論が適用されていました。

対照的に、顧客への販売を担当する営業部門は、数値目標の達成が最優先であるため、戦略立案に対する基準は少なく、各国の事情に任されているという感じでした。そのため、マーケティング理論は、どちらかというと机上の空論と思われていた節があります。私たちマーケティング部門も営業部門の戦略立案を支援する、という役割を作り、実際に支援しました。担当者レベルではマーケティング理論を使おうという雰囲気がありましたが、部門長クラスでは全く取り上げてもらえませんでした。

というわけで、マーケティング理論がどこに浸透し、どこで抵抗されているかということは分かったのですが、その中で今も生きているある事実を見つけました。

それは、成功している営業部門はやっていることがマーケティング理論と合っていて、成功していない営業部門は戦略そのものがマーケティング理論と合っていない、ということでした。さらにその原因を調べてみると、成功している部門は顧客企業のＩＴニーズを、お客様との会話によって得ていて、成功していない部門はお客様との会話が少ないということでした。つまり、マーケティング理論も、土台になる現状認識が正しくなければ適用しても効果が出ないということです。

また、アメリカの営業部門は比較的マーケティング理論を日常的に使っていますが、ヨーロッパも日本も、マーケティング理論を日常の営業活動に使うということに関して否定的だということも、実際の会議や戦略レビューに参加して感じました。アメリカの企業が、とくに新しく生まれた産業がグローバルに強いということも一理あると思います。

マーケティング理論は机上の空論ではなく、世界中のたくさんの事例から導き出された共通要因をまとめたものです。したがって、どの国においても、どの産業においてもマーケティング理論は、かなりの確率で効果があるものと考えています。

そのマーケティング理論の土台になっているのがセグメンテーション（層別化）です。すべてのマーケティング理論は、事実の認識に層別化を使っています。マーケティングの教科書の初めにあるのが層別化の考えです。層別化のやり方は無数にあります。その中で製品や顧客の位置づけをあらわす層別化のやり方で主流なものがマッキンゼーであり、ボストンコンサルティングの層別化です。ＩＢＭもこのやり方を採用しています。私の経験では、市場を適切に認識するための層別化をこのやり方でやると、９割以上の確率で正しい認識になる、と考えています。具体的なやり方は別項でお話ししたいと思いますが、層別化の特徴は、製品や顧客がどの層にいるかで、取るべき戦略が異なるということです。多くの失敗例を見ると、この層にいるお客様になぜこんな戦略で対応しているのか、ということが多いのです。

こういったことをこの５年間、日常的に経験してきました。層別化には山ほどの抵抗に遭っていますし、今でも層別化を理解しようとしない人たちがたくさんいます。それでも、層別化を捨てないのは、複雑に見える現実から霞を取って見えやすくしてくれる最も優れたやり方だからです。保険業界がなぜ抵抗が大きいのかについては別項で考えたいと思いますが、金融機関や保険業界のような規制産業においては、層別化を行わなくても事業が成功してきたという長年の成功体験が、層別化の理解を拒んでいるものと考えています。

５　層別化の現状

私は代理店の層別化支援をこの15年ほど行ってきました。実際にやってみると、最初に考えていたことと実際は違うということを数多く経験しました。それらを紹介し、層別化の現状をまとめてみます。

一つ目は層別化に対する抵抗が大きいということです。これは今も続いています。日本には「お客様は神様だ」という言葉があり、お客様のいうことには全面的に対応しなければならない、という考えが行き渡っています。しかし、この言葉はある意味で正しく、ある意味で間違っています。

正しいのは、市場の主人はお客様だということです。市場はお客様が購入活動を行ってくれないことには成り立ちません。そういう意味では市場の主人はお客様です。

しかし、市場はお客様だけでは成り立ちません。商品作成者、商品供給者、お金の流通者等が市場を構成しているのです。その中で、それぞれの役割の人たちが、もっとも合理的なやり方を考えて市場は進化します。その中ではお客様も一人の構成者なのです。したがって、お客様は万能ではなく、神様ではありません。

そこまで考えると、代理店は市場の重要な構成者として、自分の市場を決めることができるのです。それが代理店に与えられた特権です。自分の市場を決めるとは、お客様を選ぶことと、商品を選ぶことです。

残念ながら、保険業界は市場に対する認識が乏しく、保険会社も代理店も自分の市場をどうしたいかという意識が少ないのです。これが現状の一番目です。

二つ目は、層別化に関心があり、層別化を行いたいと思っていても、どうすれば層別化を行うことができるのかという知識が少ないことです。ほとんどの代理店は層別化イコール保険料だと考えています。もう少し広げて多種目度合も含めている場合がありますが、現状はこのレベルです。

層別化はマーケティング理論の基本をなすもので、数多くのセオリーがあります。その中で、自社の戦略を決めるために行う層別化を前述の市場ポジショニングと呼んでいます。これは市場の中で、自社の競合上の位置づけを、競合の強さと市場の魅力で区分けするものです。このやり方は多くの企業が使っているものです。セオリーをまとめたものとしてＧＥマトリックスやＢＣＧマトリックスなどがあります。いずれも市場の中の位置づけによって戦略を特定するというものです。

層別化を行うということは、市場の中で自社がどの位置にあるかを理解することと、その位置ではどんな戦略をとると成功確率が上がるかを理解することです。

現在層別化を行っている多くの代理店に共通していることは、何らかのやり方で層別化を行っていても、ではどういう活動を行うのかということに結びついていないのです。

層別化とは、層別を行って次の活動に結びつけることをいいます。次の活動に結びつけ、実際に活動を行うことで、活動の精度を上げ続けるのです。別の言葉で言うと、層別化のＰＤＣＡを回すということです。多くの代理店が現在行っているやり方はＰＤＣＡのＰだけで終わっているのです。

現状は今まで述べたとおり、層別化に対する偏った見方と、層別化の方法論の欠如というのが大勢を占めています。

層別化というのは、経営効率を高めると同時にお客様のロイヤルティを高める有効な手段です。このやり方を身につけることで、経営が大幅に改善できるというものです。

私のつたない経験からですが、前述したように、アメリカのビジネスマンは層別化及びマーケティング理論に対して一定の理解を示しています。それに対し、ヨーロッパや日本のビジネスマンは層別化とマーケティング理論を軽視する傾向にあります。それがグローバル市場におけるアメリカの優位性につながっているとみています。

つまり、日本では、保険代理店だけでなく多くの産業で同じような現状だということです。その中でも、成長し続けている業界や企業はマーケティング理論に一定の理解を示し、マーケティング理論を経営に取り入れているように見えます。コンビニ業界、ロジスティックス業界、自動車を中心とした製造業などはそのような事例かと思います。

以上述べたように、現在の代理店業界では層別化を正しく認識している人が数少ないのです。層別化は自社の戦略立案のための有効な手法ですから、層別化が浸透していない市場においては、層別化を正しく認識しているというだけで、現状においては強力な武器になると考えています。

この本では層別化の具体的な事例と効果を示していきます。層別化の浸透は、保険代理店市場を見える化し、代理店の生産性を上げるとともに、お客様の代理店に対する評価を高めることに貢献します。

そのことをデータで証明できるようにすることが私の役割だと考えています。まだ小さな範囲ですが、それでもデータが着々と積み重なってきます。これから報告する内容は、そのようなデータの積み重ねによるものです。

6　専業代理店における層別化のやり方

これから述べることは、この15年ほど私が専業代理店の層別化を行ってきたやり方です。市場ポジショニングを行うやり方の一つだと思ってください。手順を具体的にお話ししますので、関心のない方は読み飛ばしていただいて結構です。

(1)層別化を行うメンバー

層別化は代理店単位に行います。メンバー全員がそろってワークショップ形式で進めていきます。ワークショップ形式というのは、参加メンバーが議論に参加して、自分たちで議論結果を共有するというものです。

参加メンバーは営業員全員、社長、事務リーダーです。このメンバーが全員集まって成り立ちますので、日程を調整する必要があります。以前は、平日の開催がむつかしく、土曜日を使うことが多かったのですが、ここ5年くらいは平日開催でも全員が集まれるようになりました。更改作業に追われなくなったのが理由かと思います。

⑵層別化の時間

層別化は１日で完了します。次項でも述べますが、２日以上の時間をかけることは意味がありません。また、１日で結論を出すことができます。結論といっても詳細レベルのものではなく、大まかな目安くらいのものです。以前は２日かけて行っていたのですが、１日も２日も成果の精度は変わらないということが分かり、１日にしました。この5年間で10数件の代理店の層別化を行ってきましたが、期待した成果が上がっています。

⑶お客様の属性と代理店との関係を見える化する

はじめにやることは、営業員一人当たり3件のお客様を出してもらい、それぞれのお客様の属性と営業員との付き合い具合を聞き出すことです。３件のお客様はその場で思い出したお客様で結構です。全員が情報共有できるように、大きめの模造紙に属性と付き合い方を書き出していきます。

属性とは、保険種目、保険料、年齢、家族構成、職業、収入度合い、資産度合いといったもので、付き合い方というのは、訪問頻度、他社情報の開示といったものです。

営業員は自分が知っていることを素直に話してくれます。話すことで、ワークショップの雰囲気にも慣れてくれます。全員が話し終える頃には、ワークショップが話しやすい雰囲気になります。

(4)似たお客様をくくる

次にお客様を区分けしていきます。

区分けは、多種目度、保険料、家族構成、職業、収入度合いといった項目の似ている度合いで行います。この区分けを行うと5から10ほどの層に分かれます。

(5)層ごとに点数付けを行う

次に、各層のお客様の点数付けを行います。

点数付けは、信頼度、魅力度に従って行っていきます。

例えば、信頼度のパラメータである多種目度合いは、単種目だと1点、損保もしくは生保で複数種目だと2点、損保生保にまたがる複数種目だと3点といった具合です。

何をパラメータにするかがポイントですが、試行錯誤の結果、現在では次のようにしています（今後変わる可能性はあります）。

信頼度は、多種目度、家族情報、職業情報、訪問頻度、他社情報です。

魅力度は、保険料、収入度、資産度です。

(6)層別する

各パラメータに点数付けができたら、信頼度と魅力度の合計を取ります。

そして、信頼度、魅力度を軸とした4象限のグラフに、それぞれの層を位置づけていきます。これで層別は終わりです。

(7)層別の検証

層別が終わった時点で、層別の検証を行います。

検証は、各層ごとのお客様の数の合計と実際のお客様の数を比較して、誤差が1割程度であれば、層別が期待の精度であるとします、それ以上の差があると、漏れている層があるということなので、漏れている層を探します。ただし、漏れている層は次の活動には関係しませんので、大まかで結構です。

以上で層別化ワークショップは終わりです。もし、次の工程である、標準営業活動に進むのであれば、標準営業活動の要領を説明します。

(8)層別化はいい加減でいい

層別化は以上のように行いますが、層別化の精度に神経を使う必要はありません。厳密でなくても結構です。

7　層別化の落とし穴

どんなに正しい理論でも、それが定着し洗練されるまでは落とし穴がたくさんあります。層別化も多くの業界、企業が活用していますが、落とし穴があります。

私は前職の5年間と代理店を対象に活動を始めてからの15年間層別化を経験してきました。その経験をもとに層別化の落とし穴を説明していきたいと思います。

最初の落とし穴は「層別化に時間をかけすぎる」というものです。層別化の作業を行われた人はお分かりになると思いますが、層別化はおもしろいのです。面倒なところはありますが、でも時間のたつのを忘れるくらいおもしろいのです。そして、いくら精度を上げても十分という感じがないのです。したがって、層別化の作業に多大な時間を使ってしまう例がたくさんありました。

しかし、実際問題として、層別化の精度は層別化に掛けた時間とは比例しません。経験を重ねて分かったことですが、層別化の精度は実際に活動してみないと上がりません。層別化の精度を上げる随一のやり方は、層別化に従った営業活動を実際にやってみることです。いくら机上で精度の高い層別化を行ってみても、相手は生身の人間です。層別化のセオリーが適用できるかどうかは、セオリー以外の多くの要因で決まってきます。そのような経験を重ねながら、セオリーが適用できるのはどんなときか、また、セオリー通りに行く確率はどのくらいかということを身につけていくのです。

したがって、机上の層別化は「いい加減でいい」のです。ある程度の精度があれば、それだけでも無駄な活動を少なくしてセオリーの確認を行うことができます。それで十分なのです。

次は、すべての層を考えてしまうことです。とくに創業者もしくは代理店の規模拡大に貢献してきた方は、左上の層（92ページ図7）に目が行きます。左上の層とは、うまく信頼度を高めることができると代理店を支えてくれるお客様になる可能性がある層です。この層のお客様を右側に持ってくることは難度が高いのですが、うまく行き始めると言葉では言い表せないような達成感を得ることができます。こういう経験をした人たちは、それこそが営業の醍醐味だと思ってしまいます。したがって、層別化を行うとどうしても左上の層に目が行き、左上の層に対する戦略に力を入れるわけです。

しかし、残念ながら左上のお客様を右上に持ってくることは成功確率がきわめて低いのです。私も前職で、左上のお客様を右上に持ってくるという営業を行ってきましたが、５年間やって成功したのは３件でした。周りを見ると、５年やっても一件の成功経験がない営業だらけでした。前職の日本ＩＢＭは、このような営業のやり方をいつの頃かやめてしまいました。そのくらい、左上のお客様に対する営業活動は経営資源の無駄な投資になってしまうのです。

代理店創業者が現在の代理店を築き上げた時代は、市場全体が成長期の時代でした。成長期はすべてのお客様の保険情報が少なく、時代の雰囲気として保険に加入しなければ、という時代でしたから、左上のお客様を右上に持ってくることは比較的難度が低かったのでしょう。それでも相当の苦労をされたと思います。でも、市場の成熟期はその数倍も難度が上がっているのです。

したがって、層別化を行ったあとしっかりした戦略を立てるのは、右上の層に対してだけでいいのです。右上の層のお客様を真のロイヤルカスタマーにし、お客様単価の増加を狙うことが成熟期の戦略です。

今まで述べてきた二つの落とし穴以外には大きな落とし穴はないようです。そう見ると層別化は比較的安定したセオリーです。この二つの落とし穴に気をつければ、成功する確率が高いわけです。

とはいえ、この落とし穴に気がつくまでに結構時間がかかりました。気がつかなかった頃は、層別化を行った代理店の半分以上がこの落とし穴に落ちていたと思います。申し訳ないことをしたと思っています。気がついてからは、層別化を行うときに必ずこの二つの落とし穴のことを説明します。現在は、私が支援している代理店では落とし穴に落ちることはなくなりました。

第5章　スーパーセールスパーソンでなくてもできる営業——標準営業活動——

1　標準営業活動のきっかけ

2000年から代理店の活動分析を行うようになって、いくつか違和感を覚えていました。今まで書いてきたように、代理店は営業ではなく事務に依存している割合が多いこと、代理店の営業時間の配分がマーケティングセオリーから外れていること、営業員の育成ができていないことが代表的な三つでした。事務と層別化についてはすでに説明していますので、最後の営業員の育成について説明したいと思います。

代理店でヒアリングを行っていつも不思議に思っていたことは、営業員の活動について誰も知らないということでした。社長も、事務員も、隣の営業も、営業担当者がどのようにお客様と接しているかを具体的なところは分かっていないということです。お客様と接するやり方は営業員任せで、営業員は自分の経験から自分のやり方を作っているのです。これは本当に不思議なことでした。前職では営業活動のレビューを日常的に行われ、営業方針、戦術、活動のやり方に至るまで定期的に上司に報告し、上司のコメントをもとに活動を修正するわけです。そうやって少しずつ営業活動を身につけるのです。

代理店では、結果の評価は行われても活動の評価は行われていませんでした。営業任せです。これでは営業成果は個人の能力にのみ依存するわけです。どうして営業員の活動を評価しないのだろうか、営業員を育成しないのだろうかということが長い間疑問でした。

層別化を行っても、その成果を確認していませんでしたので、層別化がどこまで効果を持っているのか分かりませんでした。セオリーや成功事例を見ると効果があるはずなのですが、それ以上のことは分かっていなかったのです。

２０１１年から始めた層別化営業の支援が大きなきっかけになりました。ソフィアという千葉県の代理店ですが、営業と事務の３名チームで層別化を行い、そのあとの活動のやり方も定めて、結果を振り返るということを行いました。最初の振り返りで、層別対象案件の４割で成約したことが分かったのです。偶然だろうと思いましたが、次の振り返りでも４割が成約し、半年たってもこの成約率は変わりませんでした。チーム３名のうち、営業経験者は1名で残り2名は事務経験しかありませんでした。チーム活動を行うにあたり、事務2名は絶対にセールストークは行わない、という条件で始めたのです。したがって、４割の成約のほとんどはセールストーク無しで成約に至ったのです。

セールストークをしないで何を話すのか。それはお客様の現行契約の内容を話すのです。契約内容について、表面的なことではなく、保障一つ一つについてどういうときに支払われ、どういうときに支払われないかというレベルで話すのです。

これだけで、案件活動対象の４割のお客様が契約内容に関心を持ち、いろいろと確認質問が出てくるのです。そして、新たな保険リスクに気がつき成約にいたる、というのが多くの事例でした。

このやり方を考えたのでは、二つのことからでした。

一つは前述した１９９４年の代理店のやり方からです。既契約の説明が新たな保険につながるというものです。もう一つはＣＲＭでいわれている「新規顧客からの契約はリピート契約の5倍のエネルギーを要する」というものです。時代は販売チャネルや商品に対する信頼度を重要視している、ということです。

おそらく高い成約率はこの二つから得られたものでしょう。この二つを実現するためには、個人の特別な能力ではなく、普通の学力を持っている人の安定した活動があればいいのです。

もう一つ、やってみて分かったことは、振り返りの効果でした。振り返りというのは、案件1件ごとにどういう活動をしているのかを具体的に聞くことです。結果は付け足しで、活動のやり方が約束通りだったかを確認します。この振り返りを繰り返すことで、担当者は反復活動を行うようになり、徐々にやり方を身につけていくのです。

このようにして、活動状況を把握する案件の対象と活動内容を定め、振り返りで具体的な活動を細かいレベルで聞き出していくというやり方を実施していきました。このやり方を複数の代理店で実施していくと、募集人の気づきや、活動内容の標準化や、募集人同士のコミュニケーションに変化が現れ、成約率が上がっていくのです。

このやり方を他の代理店でも行い、同じような効果があることを確認して、対象代理店を広げていきました。そのときに「標準営業活動」と名前をつけました。

これが標準営業活動を行うようになった経緯です。現在までに10数店でこの活動を行っています。当初の予想と違って失敗したり、振り返り方法を変えていったり試行錯誤を繰り返しています。しかし、着実に安定したやり方に近づいていっていると思います。

営業員の育成は結果の評価ではなく、活動の評価で行われるものだと思います。活動を標準どおりに行うことで結果も付いてくるということが分かると、営業員は標準活動を身につけようと思うわけです。

営業員育成のやり方はたくさんあると思います。標準営業活動はその中の一つですが、着実に行えるものだと思います。

標準営業活動の具体的な内容は次項以降で詳しく説明したいと思います。

2 標準営業活動のやり方

標準営業活動は次の5つのステップで成り立ちます。

・案件の選定（＝きっかけ）
・アポ取り
・準　備
・面　談
・振り返り

PDCAでいえば、Pが案件の選定、Dがアポ取り、準備、面談、CとAが振り返りと次の案件選定の始めまでとなります。この5ステップで営業活動のPDCAを回すことになります。それぞれのステップごとに具体的にどういう約束事を決めているのかを説明します。

(1)案件の選定（＝きっかけ）

案件の選定とは標準営業活動を行う案件を決めることです。標準営業活動はすべての更改活動に対して行うものではなく、一定の条件を満たした契約に絞って行います。

一定の条件とは、まず、代理店に対する信頼度と代理店から見た魅力度の高いお客様です。層別化のところで書いたように、こういうお客様は保有の1割ほどいます。従って、標準営業活動を行う案件の数は、更改の約1

割ということになります。

二つ目は、そのお客様に「何かある」ということです。お客様の年齢、家族構成、勤務先、収入、資産、他社情報といった属性と、この一年間の接触から「何かある」と感じられるお客様です。

この二つの条件を満たすことは、経験が少ないとなかなかできません。したがって、初めの頃は、層別で右上（信頼度と魅力度が高いお客様）という一つの条件でも構いません。

なぜ、すべての更改に対して行わず、条件をつけた数少ないお客様だけに絞るのか。それは、成功体験を積み重ねるためです。標準営業活動によって、いい成果を得る確率は、この条件で絞り込むと４割以上になります。しかし、他の層のお客様に対して行うと、１割以下になります（推定ですがある程度データの裏付けがあります）。10回のうち９回以上がうまくいかないのです。人間は10回のうち９回以上うまくいかないとモチベーションを落とします。とくに、信頼度の低いお客様からはけんもほろの扱いを受け、トラウマになったりもします。

小さくてもいいから、成功体験を積むことが技術の習得のための必須条件です。これはどの技術に対しても同じです。成功体験を積み重ねなければ要領を覚えることはできません。

なぜ、経験の少ない募集人は「何かある」ができないのか。これも多分に経験によります。成功体験を積み重ねていくと、右上の層の中でも「何かある」と感じた案件の方が成果につながる、ということが分かってきます。右上の層に絞ってこのあと説明する活動を行うだけでも、約４割の案件で新規案件が成約します。最初のうちはこれだけで十分ですが、「何かある」ということを考えることはとても重要です。なぜなら、それは活動の結果を予測することにつながるからです。これからも、予測の重要性について何回か書くことになりますが、活動の水準を上げるためには、自らの活動の推移を予測できるようになることが重要です。

「何かある」と感じるためには、一定の情報量が必要になります。一定の情報があると、その情報をもとに「何かある」に結びつける思考過程が徐々に明らかになっていきます。個人によって「何かある」と気がつく思考過程は異なるようですが、少しずつ見えるようになってきていると思います。詳しくは顧客情報のところでお話しします。

補足ですが、きっかけの中にはお客様からの相談も含めます。代理店に相談するお客様はロイヤルカスタマーもしくはその候補のお客様です。こういうお客様が何を相談するのか、その相談にどう対応したら良いのかということも標準営業活動の柱の一つなのです。

(2)アポを取る

案件を絞ったらアポを取ります。標準営業活動は、お客様が自分の保険についてより深く理解するとともに、潜在的な保険ニーズにも気づくという活動ですから、アポはしっかりと取る必要があります。初めて標準営業活動を行うお客様には、面談の目的を話してもうるさがられるかもしれませんが、そういうお客様でも一定の面談時間を取ってもらうようにお願いします。

右上のお客様は代理店からのお願いに対して前向きに対応してくれます。

(3)準　備

アポ取りが終わると準備を行います。標準営業活動における準備とは次の活動をいいます。

契約内容をじっくりと眺める。眺めながら、お客様の属性やこの一年の接触を思い出し、この契約内容で大丈夫かどうか、埋もれているニーズはないかどうかじっくりと考えます。この作業には、お客様情報を見たり、契約内容を見たり、対応履歴を見たりしますので、結構時間がかかります。

そして、確認しなければならない項目があればそれらをメモします。メモをした内容は、お客様と話すときに確認すべき内容です。

確認すべき内容をメモするときに、より具体的なことにぶつかることがあります。よくある例として、医療やがんの定期保険で、更新時期が迫っている場合です。こういう場合は、新たな保険に移った場合とそのまま続けた場合の違いを一覧にしたり、新たな保険の見積もりを行ったりした方がよいことがあります。この作業も準備の中に入れます。

ときには、お客様が担当募集人を、自動車保険の営業員とか、損保の営業員と思われていることがあります。そういう場合は、取り扱い種目の一覧やパンフレットなどを用意しておいた方がよいことがあります。

⑷面　談

面談の活動を次のように定めています。

まず、元々の目的である更改を行います。更改を行うときに現行契約の確認を行っても構いません。更改作業と現行契約の確認とは明確に区分けできないかもしれません。

現行契約の確認は、複数の契約に対して行います。確認項目はあらかじめ準備していますから、お客様にとって重要だと思われることから確認していっても構いません。ポイントは、大まかに確認するのではなく、重要なところは細かく確認するということです。どういう場合に保険金が出て、どういう場合には出ないかを具体的にお話しし、お客様が考えていた内容と違っていないかということを確認するのです。

この活動はとても重要です。この活動を行っている間にお客様の態度が大きく変わることが結構多いからです。その理由の一つは、自分の契約の内容に改めて気づき、自分が持っている保険リスクを考え始めるということです。そうすると説明をしてくれた募集人にたくさんの質問が出てきます。今まで話さなかった家族の問題や、収入、資産の問題まで話してくれることがあります。そして、保険リスクがあるかどうか、保険リスクがあるとしたらどういう保険がそのリスクを解決してくれるのか、という相談になってくるのです。こういう相談になる割合は、代理店側で考えていた割合よりもはるかに高いのです。

二つ目は、お客様の募集人を見る目が変わるということです。この変化は募集人が肌で感じることができるといいます。単なる募集人から、保険のプロもしくは保険に関する大事な相談相手になります。

契約内容の確認を行っているときに、お客様から新たな案件が出た場合、その案件に対して見積もりが用意されているとお客様がとても喜ぶ、という経験談をたくさん聞いています。お客様は、自分のことをきちんと考えていてくれる、と思うようです。したがって、予測して、あらかじめ見積書を作っておくことは大事なことなのです。

一通り契約内容の確認が終わるとそれで活動を終えて構いません。ただし、お客様が募集人の取り扱い種目を限定して考えているようであれば、取り扱い種目一覧を説明した方がいい場合があります。代理店を信頼してくれているお客様は、そのときはそれで終わっても、頭の片隅に覚えていてくれているようで、何かの折に相談事ができることがあります。この活動を長く続けていると、そういう相談事が増えてきて、営業活動を行わなくても案件が増えるということです。

面談は、お客様にありがとうといわれたら100点です。

ときには、アポを取っていたにもかかわらず、急な用事ができて更改だけ済ませてそれ以上話ができなかったり、事故の話の方が重要だということでそちらの話になったりすることがあります。こういう場合はお客様に合わせておいて構いません。次の機会を待てばいいのです。

面談が終わると活動内容の記録を取ります。この記録は振り返りのためのものです。

(5) 振り返り

面談が終わり活動記録を書くと次は振り返りです。振り返りは定期的に行います。現在は月次もしくは隔月で行っています。振り返りで行うことは、活動内容の確認です。層別や活動が約束したとおりに行われたかどうかを確認するということです。

標準営業活動を1件ごとに振り返ります。

まず、層別を正しく行ったかどうかを確認します。層別は信頼度と魅力度から成り立っていますので、それぞれの項目ごとに確認していきます。信頼度の項目は下記の通りです・

・種目数
・家族構成を知っているか
・勤務先を知っているか
・訪問頻度はどのくらいか
・他社に入っている保険をどのくらい知っているか

これらには項目ごとにレベル付けを行っています。点数が高くなるほど信頼度が高いという評価です。

これらの項目を一つずつ確認していき、募集人の記録内容と合っているかどうかを確認します。このレベル分けは厳密なものではなく、若干の裁量が入りますので、要領を覚えるまでは募集人の判断とこちらの判断が異なることがあります。そういう場合はこちらが判断する根拠を示しながら、判断基準が同じになるようにしています。

次に、魅力度を確認します。魅力度の項目は次のとおりです。

・保険料はどのくらいか
・収入（法人の場合は業績）はどうか
・資産はどうか
収入や資産はセンシティブな情報なので、お客様から直接教えてもらえないことが多いのです。しかし、収入や資産は保険リスクと強く関係することなので、会ったときの雰囲気や服装や家構えや趣味といったことから推測してもらいます。また、自動車であればどういう型の自動車かが分かると推測しやすくもなります。

いずれにしても、右上（信頼度と魅力度が高い層）のお客様ですから、このくらいの情報は常に意識的に集める必要があります。

次に活動について確認します。活動の項目は次のとおりです。
・案件の選定（＝きっかけ）はどのようにして行ったか
・アポ取りはどういうアポにしたか
・準備は何をどこまで行ったか
・面談は何をどのように説明したか
・反応はどうだったか
・結果はどうだったか
この中で、きっかけ、準備、面談は重要な活動になりますので、詳しく確認していきます。きっかけでは「何かある」とはどういうことなのか、準備はどこまでじっくり眺めたか、また、見積もりは作ったか、面談は現行契約をきっちりと説明できたか、確認すべきことは確認できたかといったことです。

反応については、質問が具体的にあったか、きちんと聞いてくれたか、お礼を言われたかどうか、といったことです。

結果は5段階で聞きます。成約したか、成約までには行かなかったがお客様が契約することに同意したか、案件ができ引き続き案件活動を行うか、案件はできたがイベントがあるまで時期を待つか、何もなく終了したかです。

振り返りは、以上のことを1件ずつじっくりと確認していきます。それだけです。振り返りの目的は、募集人が自ら自分の活動を振り返って、標準営業活動の約束通りのことをしているかどうかを確認することです。つまり、「まず型から始める」のです。

募集人は自分の活動が型どおりかどうか、型どおりに行った場合お客様はどんな反応をするか、ということが体で分かります。これで十分です。

この活動を初めて5年たちましたが、この間行った活動の結果は、成約率5割という数字になっています。この活動を型どおりに行うと10件のうち5件で新たな案件ができ成約にいたるということです。かなり高い確率で成功体験を積むことができます。経験が長くなるとさらに成約率が高まります。また、活動を行う前に成約率の予測を行うこともできてきます。

長い間、層別化だけを行い振り返りを行いませんでした。データがありませんので正確ではないと思いますが、おそらくその間の成約率はとても低かっただろうと思います。このように型を定めて、型どおりの活動を行っているかどうかを振り返ることはとても重要なことだと思います。

また、振り返りは層別と活動をデータ化して行っていますが、データ化することで多くのことが明らかになっています。振り返りと同じく、データ化することもとても重要なことだと思っています。

3　標準営業活動の実績

標準営業活動は2011年に1店で始め、2014年から対象を複数代理店に広げました。約1年のトライアンドエラーを経て、2015年の春から活動の記録を標準化し、参加代理店の活動をデータ分析できるようになりました。

この報告は、2015年5月から2015年12月までのデータにもとづく分析結果です。データ分析のやり方やエピソードについては別途紹介するとして、分析結果から標準営業活動の実績を紹介します。

まず、分析対象ですが、

期間は2015年5月から2015年12月までの8か月

代理店数は8店

募集人数は34名

案件数は335件です。

この数値は、分析結果が一定の信頼度を持ちうることを示しています。

さて、分析結果を紹介します。

(1) 成約率は4割5分

335件の案件数で150件の成約でした。成約率は0.45です。案件を選定すると、そのうちの4割5分が成約するということです。この数値が高いか低いかは他のケースと比較しなければ分からないのですが、２件行けば１件成約するというのは普通の募集人であれば、モチベーションが上がるのではないかと思います。

実際、成約率の高い募集人は明るい顔をしています。また、後ほど述べますが、回数を重ねると成約率が上がっていきますので、振り返りのたびに明るくなる募集人が多いのです。

(2)成約率と関係の高い項目

それでは、どういう項目が成約率と関係が高いのか。

これは、当初の予想と違う結果になりました。当初は層別の度合が高い、すなわち代理店に対する信頼度が高く保険リスクの大きなお客様の成約率が高いのではないかと予想していたのですが、データ分析の結果は、あまり関係がないというものでした。

その中で、一定の有意な関係が示されたのは、勤め先を知っている、他社加入の保険を知っている、業績（＝収入）がいい、資産が大きいというものです。

逆に加入種目数、訪問頻度、保険料は全く関係がありませんでした。（補足ですが、この活動では多種目のお客様、訪問頻度の多いお客様、保険料の多いお客様を選んでいるので、その中では成約との関係を区分けできないということです）

それでは、成約率と高い関係にあったのは何か。それは、きっかけ、準備、面談の三つの活動でした。

きっかけとは案件を選んだきっかけのことをいいます。単なる更改なのか、右上の層だからなのか、何かあると思ったからなのか、お客様からの相談なのか、ということです。何かある、もしくは相談というきっかけは成約率と高い関係にあります。

準備とは、何も準備しなかったのか、パンフレットだけ用意したのか、契約一覧を作っただけなのか、契約一覧をじっくり眺めたのか、さらに見積書まで作ったのかということです。契約書をじっくり眺めたり、見積書を作ったりした場合は成約率が高いのです。

面談は、契約内容をきちんと説明したのかどうかです。

前記の内容は、すでに高い成約率を上げておられる方にとっては常識の範囲内ではないかと思います。成約率の高い募集人と話していると、きっかけと準備の重要性を必ず指摘されるからです。成約率の高い募集人にとっては常識の範囲内ですが、それがデータで示されたということです。

⑶代理店の差

8つの代理店で明確な差がありました。成約率の高い代理店は8割以上、低い代理店は1割以下です。ただし、成約率の低い代理店は標準営業活動をはじめてすぐの代理店で、6か月以上経験した代理店では、成約率が一定以上になります（事例を図8で示す）。

成約率が異なる原因を調べていくと、活動レベルと強い関係があることが分かりました。きっかけ、準備、面談のレベルが高い代理店は成約率が高いのです。活動レベルは、明らかに標準営業活動の経験度合と関係があります。振り返りを繰り返し行うことで、活動のやり方を徐々に修正しているということが分かります。

⑷募集人による差

募集人による成約率の差はさらに広がります。

全案件で成約した募集人（成約率10割）や全案件で成約しなかった募集人（成約率0割）まで大きな差です。

図８　活動レベルと成約率の推移

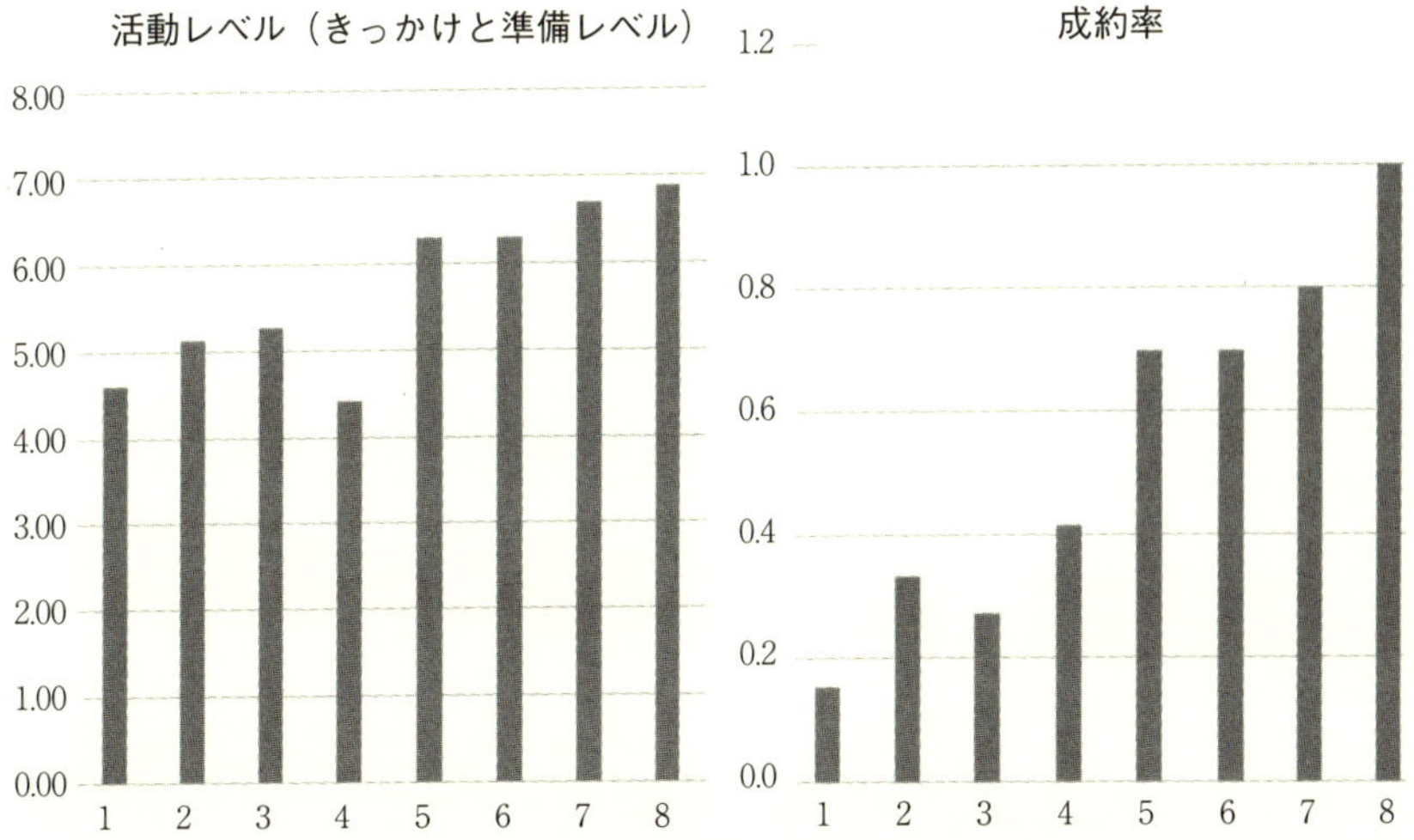

成約率が５割を超す募集人は14名で全体の41％でした。これも、経験の差が大きいようです。経験期間が成約率に与える影響は４割４分でした。この数値は高い関係があることを示しています。

成約率の高い募集人と低い募集人の差が大きな項目は、他社情報把握、きっかけ、準備、面談でした。このことは、どういう情報が代理店営業にとって重要になるのかを示しているようです。

(5)経験の差が大きい

代理店の差、募集人の差の多くは経験の差によるものでした。経験した期間が３か月未満の代理店と、３か月から1年、１年以上の代理店では明らかに成約率の差が出ています。さらに、活動レベルにも明確な差があります。このことは、振り返りにより活動のレベルに気づき、活動レベルを徐々に上げていった募集人は結果として成約率が上がる、と考えることができます。代理店の経験は募集人の経験をベースにしていますので、標準営業活動を経験している期間が長い募集人が増えると、代理店の成約率も上がると考えられます。

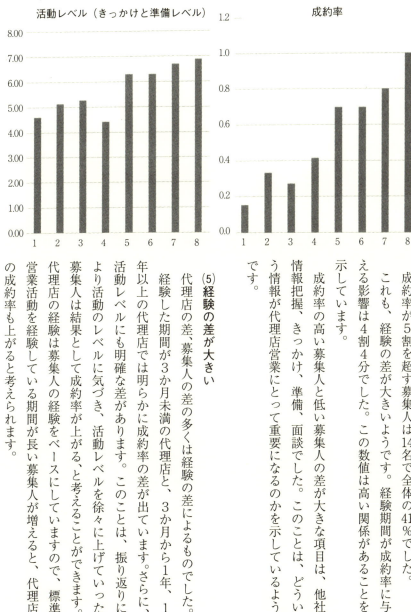

(6)経験の差は案件数よりも成約数

経験の差は経験期間によるものですが、それは、活動した案件数よりも成約数と関係が強いということが示されました。成約した案件の中には小さな案件もありますが、小さな成功でも積み重ねることで成約率を上げることができるということです。

以上の分析結果から、標準営業活動の振り返りを行うことによって、標準営業活動の主旨や要領の理解度が深くなり、活動のやり方が徐々に洗練されていくのでないかと推測できます。

4　標準営業活動の評価――結果はプロセスについてくる――

前回は標準営業活動をデータ分析した結果を紹介しました。この結果にもとづいて現時点で標準営業活動をどのように評価できるかをお話ししたいと思います。

(1)成約率向上に一定の効果がある

分析結果によると、標準営業活動の項目のレベルが上がると成約率が上がることが示されています。成約率を上げるやり方はたくさんありますが、標準営業活動はその中の一つだということです。

(2)振り返りでノウハウの蓄積ができる

成約率に経験期間が大きな影響を与えていることが示されました。これは、ノウハウが蓄積されていることを示しています。ノウハウの蓄積はＰＤＣＡを回すことによって確実になります。標準営業活動の特徴の一つに振り返りを行う、というのがあります。ＰＤＣＡのＣ（チェック）とＡ（アクション）に相当する活動です。振り返りでは、案件ごとの営業活動を詳細に振り返るだけですが、繰り返し振り返りを経験することで、活動レベルが上がっていることが分かります。

(3)成約率に影響のある活動を絞り込めた

成約率に影響を与える大きな活動はきっかけ、準備、面談でした。これは常識の範囲内のことですが、それでも、具体的にこれらの活動をどのレベルまで引き上げるのかということを見える化できたのです。

(4)代理店内の組織化度合も影響する

これはまだ参考レベルですが、活動表に現れたデータだけでなく、実際に振り返りを行なうと、代理店の組織化度合や取り組み度合が分かります。一つのチームとして動いているのか、この取り組みの優先度が高いのかということです。若干私の裁量も入りますが、経験、組織化度合、取り組み度合と代理店の成約率との間に極めて高い相関がありました。この関係は今後明らかにしていきたいと考えています。

(5)担当者は理解度、情報収集力の影響が大きい

営業担当者個人では、この活動の主旨とやり方を理解しているか、お客様から情報を引き出しているかが成約率に大きな影響がありました。理解度や情報収集力は、層別度や活動レベルに影響を与えます。とくに、きっかけについては、お客様からの情報が決め手になります。

お客様に関する情報量との関係を引き続き研究したいと考えています。

⑹小さな成功を積み重ねる

成約の数が成約率に大きな影響を与えます。どんなに小さな成約でも経験を重ねると大きな力になり得るということです。小さな成約はハードルが低いので、経験の浅い募集人には小さな成功を積み重ねることをおすすめします。

以上が現時点で標準営業活動を評価できることです。これをまとめると「結果は活動についてくる」となります。成約を狙って活動するのでなく、活動のやり方を標準営業活動の約束事に従う、ということを繰り返すことで、徐々に成約が増えるということです。標準営業活動はすぐにできるものではなく、何回か繰り返すことでやり方を理解できるようになります。とくに振り返りをきちんと行うことが、標準営業活動の要領を理解することに役に立つようです。

この活動は間違っていない、ということを実感しています。この活動の目的は、普通の人でも一定の成果が上がる活動を見いだす、お客様から保険の相談相手として認めてもらうということです。前記の評価は、この目的と今までの活動が合っていることを示しています。また、活動をデータ化することで、ノウハウの蓄積を確実にすることも経験しました。ノウハウの蓄積ができるということは募集人を育成できるということです。

今後もこの活動を続けていきたいと考えています。今までの経験で一定のやり方が見えてきましたので、この手法を見える化し、より多くの代理店の生産性向上に貢献できれば幸いです。

5　失敗の分析

マーケティングでよく使われているセオリーとは、その通りになる割合がかなり高いものを指すようです。ということはセオリーどおりにならないこともあるということです。

スポーツの世界や囲碁などもそのようです。セオリーを身につけても、現実にはセオリーで想定したこととは違った結果になることがあります。

標準営業活動はまだセオリーと呼べるほど洗練されていません。したがって、当然ですが失敗事例があります。今まで12件の標準営業活動を経験していますが、その結果は次のように分かれます。

①期待した成果が出なかった　２件
②成果をデータでは確認できていないが、社長からは良くなったと感謝された　１件
③成果が出たが、社長の方針と異なっていた　１件
④成果がデータで確認でき、社長や担当者から感謝された　８件

12件のうち８件（３分の２）が客観的に見てうまくいったということです。

それぞれの原因を見てみましょう。

最初の例（①）は次のような例です。

一つは40名を超す大型代理店で、最初から難度が高いと思っていました。標準営業活動は、いきなり大人数で行えるほど経験を積んでいるものではないからです。やるのだったら、少人数のチームでやってみて、うまくいっ

たら広げる、というやり方を提案しました。しかし、この代理店は、複数の課から1名ずつ選抜し、4名で行う、というやり方を取りました。私も、もしかしたらこういうやり方でもうまくいくかもしれないと甘い期待を持って始めました。しかし、やはりうまくいきませんでした。個人レベルでも、全体でも活動レベルが変わりませんでした。

振り返りの雰囲気や活動の成果などから推測できる原因は次の二つです。一つは、各人の日常業務とこのやり方が必ずしも同じ方向を向いておらず、活動の優先順位が担当者の中で下がったこと。もう一つは、チームではないので、他の参加者の案件を参考にする動機付けが働かなかったことです。同じチームであれば、経験やノウハウを共有することに価値を感じたかもしれません。

もう一つの例（①）は、委任型募集人2名での実施でした。2人とも60歳を超えており、1人は70代でした。1年近くやりましたが、1人はそれなりの活動レベルになり成果も伴ってきましたが、もう1人は変わりませんでした。

原因は次のようです。

今まで単種目を主体に営業活動をやっていましたので、新たに種目を追加することに抵抗を感じることです。自動車保険のみで長年やってきた募集人に強い傾向です。

さらに、お客様に追加種目を販売することにかなり強い罪悪感を覚えることです。保険営業の価値のとらえ方がどうもそのようになっているようでした。本人もかなり努力してくれていましたが、体がいうことをきかない、という感じでした。

この2件は今でも残念に思っています。こちらも少し経験を重ねてきましたので、あらかじめやり方を工夫することができたのかもしれません。

二つめの例（②）は結果的には成功だったのではないかと思います。その頃はまだ振り返りのデータ整備が定着しておらず、成約率を過度に重視していましたので、活動レベルが上がったのかどうかを評価できなかったのです。担当者の雰囲気も明るく、社長も高く評価してくれました。

三つ目の例（③）は、振り返りデータ整備も定着し、活動レベルも上がってきていました。しかし、４回目の振り返りで突然打ち切りになりました。先方の社長はこちらに遠慮されていたのかはっきりと理由をいってくれませんでしたが、それまでのいきさつや振り返り時での社長、営業リーダー、事務リーダーの発言から推測して、次のようだったと思います。

それは、この代理店は生保志向が強く、新規開拓を重要視していました。また、リーダー3名とも生保営業の訓練を受けていたようです。生保の営業プロセスと損保の営業プロセスには明らかな違いがあります。それは、生保はドアノッキングとニーズ掘り起こしの技術が必須だということです。損保は更改主体であり、通常は営業技術を使わなくても手数料が入ってきます。標準営業活動にはドアノッキングやニーズ喚起の技術はなく、現状の確認から始めます。何とも物足りなかったのだと思われます。

以上が今までの失敗事例ですが、①を除くと活動レベルの確認もしくは成果の確認ができてないだけで②も③も活動レベルは上がっていますので、失敗から外しても良いのではないかと思います。とすると、うまくいった割合は12件のうち10件ですので、８割以上となります。

ちなみに、①は２０１４年に行ったもので、２０１５年以降に始めたものはすべて、うまくいったという範囲にあります。少しずつこちらにもノウハウがたまっているのかなと思います。

以上の経験から出てきたのが、振り返り時に使う活動記録データ（活動状況表）であり、データ分析であり、振り返りのやり方です。失敗はつらい経験ですが、失敗をすることで少しずつやり方がスマートになっていく、と感じています。

6　コーチング

私が現在行っている活動をコーチングと呼んでいます。

コーチングとは「指導、助言する」「相手が定めた目標を達成できるようコミュニケーションによって手助けする」と辞書に出ています。コンサルティングは「手伝う」という意味が強いようです。コーチングは、相手のスキルアップに対し何らかの責任を持つ、という意味合いも持っています。スポーツの世界においては、コーチした結果、選手の力量が上がらなかった場合は解任されるというリスクを持つのです。一方、コンサルティングは責任を持たないというのが一般的です。

というわけで、私が現在行っていることはコンサルティングではなくコーチングだといっています。それも上級者用のものではなく、初級、中級者用のコーチングです。

では、何を行っているのか。

層別化に関しては、代理店と一緒に層別化を行います。代理店からの情報でこちらが一方的に行うのではなく、一定のやり方に則って、代理店からの情報で一緒に層別化を行うというものです。1回きりの活動ですので、解任というリスクはありませんが、次の活動につながりますので、コーチングの一種だと思っています。層別化に関しては、標準営業活動を定め、その代理店が標準営業活動を行うかどうかが評価基準です。

現在行っている標準営業活動の振り返りはコーチングです。

振り返りは、募集人が選んだ案件をどのように活動しているのかをヒアリングして確認します。主な目的は、活動状況表*に記入している内容が精確かどうかを確認することです。つまり、データの精度を高い水準に持って行くことです。

＊：活動状況表は営業員の案件活動を一定の形式で記録できるようにしたものです。

この確認作業は、募集人に自分の活動を第三者の目で見える化するというふうに映ります。多くの募集人はそういう経験がないので、最初は若干の違和感を覚えることもあるようですが、ストレスを感じることはないようです。活動を確認するのであって結果をチェックするわけではないからです。

募集人は自分の活動を第三者に確認されることによって、自分が標準通りに活動できているかどうかを確認できます。また、同時に自分の活動のレベルにも気がつきます。そして、成約につながる活動をしたときに、どういう活動が重要なのかを体感します。振り返りを数回繰り返すことで、ほとんどの募集人はこの経験をします。そして、少しずつ標準営業活動の要領を覚えていきます。

この活動は「まず型から入る」というものです。スポーツのコーチングも同じです。野球でいえばピッチングとキャッチングの要領を覚える、サッカーでいえばパスの出し方と受け方を覚えるということです。型から入って徐々に技術が上がっていきます。

この活動をコーチングと呼んでいる理由は、募集人の活動レベルを上げることを目標にしているからです。募集人の活動レベルが上がっているかどうかが主要な評価基準です。また、成果が上がらない場合は解任というリスクを持つことにもなります。

図9　活動状況表　その１　顧客属性

信頼度	加入種目		1	単種目（自・火・傷・新）
			2	損保のみ複数種目（自・火・傷・新）
			3	生保を含む複数種目（生・自・火・傷・新）
	家族構成		1	【個人・自営】家族構成不明　【法人】キーマン不明
			2	【個人・自営】家族構成を把握　【法人】社長とキーマンを把握
			3	【個人・自営】家族の年齢を把握　【法人】社長とキーマンに会っている
	勤め先		1	【個人】勤務先不明　【法人・自営】業績不明
			2	【個人】公務員、会社員　【法人・自営】業績の善し悪しを教えてもらっている
			3	【個人】勤務先名・役職を把握　【法人・自営】決算書を見ることができる
	訪問頻度		1	年に1回以下
			2	年に2〜5回
			3	年に6回以上
	他社情報		1	自社以外の保険情報はわからない
			2	加入しているかどうかはわかるが、会社名はわからない
			3	加入している保険会社、代理店もわかる
魅力度	保険料		1	小
			2	普通
			3	大
	業績		1	【個人】転職多、勤め先不安定　【自営】仕事少ない　【法人】赤字、右肩下がり
			2	【個人】普通のサラリーマン　【自営】そこそこの業績　【法人】そこそこの業績
			3	【個人】安定企業の役職者　【自営】安定した仕事　【法人】好調な業績
	資産		1	【個人】借家　【自営】借家　【法人】規模小
			2	【個人】持家　【自営】持家　【法人】規模中
			3	【個人】資産家　【自営】資産有　【法人】規模大

スポーツのコーチングが、技術や能力をデータで測るのと同じように、この活動も募集人のスキルや能力をデータで測ります。スポーツの世界ではデータは目に見えるもので測りますが、この活動のデータは目で見ても分かりません。データ化することにひと工夫いるわけです。

同じく、スポーツの世界ではせっかくデータ化したスキルや能力もそのままでは何の役にも立ちません。データを分析して、能力向上のやり方を提示して初めてデータが役に立ちます。従って、有能なコーチは何らかの形で選手の能力をデータ化し、それをあるやり方で分析し、選手の能力向上に役立てます。その結果として、試合での勝利や記録の向上等が実現します。

標準営業活動も、代理店や募集人の力量をデータ化し、そのデータを分析することによって成果を出すようにします。成果で活動を評価するという考えです。

成果は最終的には生産性です。現在は生産性との関係を直接結びつける方法が見つからないので、成約率を成果としています。

図9　活動状況表　その2　活動レベル

活動評価	きっかけ		1	更改手続き、なんとなく
			2	案件活動の対象顧客
			3	案件対象でかつ顧客情報をもとに何かあると考えた
			4	お客さまからの相談
	アポ		1	アポなし
			2	アポのみで、時間の確保は行わなかった
			3	訪問目的を話し、30分以上の面談時間を確保
	準備		1	契約一覧を作成しなかった
			2	契約一覧を作成した、取扱種目のパンフレットを用意した
			3	契約一覧を作成し、顧客の現状に対し過不足や疑問を書きだした
			4	顧客の現状から、おすすめ商品の見積を作成した
	面談状況		1	アポを取っていたが、顧客の都合で会えなかった
			2	多忙で更改手続きだけで終わり、契約一覧の説明はできなかった
			3	取扱種目を説明した、情報収集を行った
			4	契約一覧もしくはおすすめ商品の見積を説明した（30分程度）
			5	契約一覧をきちんと説明した。おすすめの見積をきちんと説明した（1時間以上）
	反応（複数回答可）		a	突っ込んだ質問があり、案件ができた
			b	新たな保険相談があった
			c	他社契約を教えてくれた
			d	事故に関することで時間を費やした
			e	お礼を言われた
			f	更改手続きが終わったら、時間がないと言われて終わった
			g	愚痴を聞かされた、世間話をした
			h	特に反応なし
	結果		5	◎：成約
			4	○：見込大（契約の意思はあるが、いくつか確認が必要）
			3	△：継続（案件は出来たが、契約の意思は不明）
			2	□：時期を見て再開
			1	×：何もなく終了（案件なし）

データ化は活動状況表で行います。活動状況表は、層別化8項目、活動4項目を募集人が自分で記録できるようにしています。それぞれの項目ごとにレベル付けをしており、募集人は該当するレベルにチェックするということです（図9）。

データ分析は活動状況表をもとに、月ごとの推移や担当者毎の違いや、モデル代理店との比較などを行います。ある程度の分析方法を定めていますが、まだまだ改善の余地はありそうです。

現在のレベルまで来るのに4年ほどの経験が必要でした。予想と異なることが起きたり、期待値と異なる結果になったり、データ化の方法を何度も変えたり、分析のやり方が分からず大事なことを見つけられなかったりと、多くの試行錯誤を繰り返しました。ようやくコーチングと呼べるものの入り口にたどり着いたかと思っています。

7　チームの力

標準営業活動をはじめてしばらくの間、コーチングの力点は募集人の活動レベルに集中していました。チーム力が成約率に関係するとは考えていませんでした。

２０１４年に複数の代理店で、標準営業活動のコーチングを本格的に行い始めて約1年たった頃から、募集人のスキルだけでなく、代理店としてのチーム力も何らかの影響があるのではないかと思うようになりました。

そのきっかけは、ある代理店で、法人顧客へのアプローチが募集人の間で似てきたことによります。最初の頃は、それぞれの募集人が独自のやり方で標準営業活動に取り組んでいたのですが、ある頃から情報収集のやり方、決定権者との会話の内容、提案するときに必ず見積書を用意することなどが同じようになってきたのです。その結果、当初は成約率が低かった募集人も1年たつ頃には成約率が大きく上がってきました。当然ですが活動レベルも上がっていました。

別の代理店では個人のお客様に対する活動のやり方が標準化されてきました。「何かある」という案件の見つけ方、お客様から情報を引き出す話し方、提案する商品、お客様の反応の予測と対応の仕方が実に似通ってきたのです。結果として成約率が大きく上がりました。

このような代理店の数が、現在コーチングを行っている代理店の5割近くありますが、残りの代理店は経験期間が半年以下の代理店です。そのような代理店でも、３か月を過ぎたあたりから何となくそのような雰囲気が出始めています。

このことをどう考えたら良いのか。

標準営業活動を始めた頃の代理店は、何か新しいことを始める常として、おっかなびっくり、様子見、自分は自分という雰囲気が肌で分かるのですが、案件の振り返りを具体的に行うにつれ、こちらに対する警戒心が薄らいでいきます。警戒心が薄れていくことは、話のトーンですぐに分かります。

１人の募集人の警戒心が薄れていくと、周りの募集人も警戒心を徐々に解いていきます。そして、お互いの活動のやり方を分かり始めると、うまいやり方、おもしろいやり方、あまりうまくいかないやり方などを一人一人の募集人が考え始めるそうです。

そうなると、募集人同士の特徴や得意技などが分かってきて、自分の案件で苦手なものがあると、相談とまでは行かないまでも日常会話で話しをすることが増えてきて、その中で対応方法を見つけることが増えてきた、と聞くことが結構多くあります。

もっとも端的な事例の一つは、法人決算に対する対応のやり方です。

事業が好調な法人はほぼ100％、何らかの投資を考えます。節税のための投資や、成長のための投資や投資対象はいくつもありますが、その中のいくつかは保険に関係します。

１人の募集人が決算対応の時、お客様の情報をうまく引き出し、その情報をもとに保険による投資提案を行い、結構大きな額の成約に至ると、同じような状況にあるお客様を持っている募集人が、成功した募集人と似たような活動を行うのです。

個人の生保の医療保険、損保の傷害保険、地震保険といった領域でも、成功経験は代理店の中で共有されていっています。このような力をなんと呼べば良いのか。チーム力という言葉がもっとも適しているのではないかと思います。スポーツの団体競技におけるチーム力と同じです。代理店の営業にもチーム力が存在するのです。

チームの力の基本は、お互いの活動のやり方をディテールなレベルで分かっているということです。表面的な分かり方ではなく、具体的な、案件の選び方、準備の仕方、お客様との面談時における対応のやり方、そういうレベルで活動のやり方が分かっているということです。そこまでお互いの活動のやり方が分かることで、チーム内のコミュニケーションが活発になり、経験の共有ができていくのだと思います。

チームの力を測るやり方は、約束事を全員が守っているかということです。スポーツのチーム力を考えて見るとすぐ分かりますが、チーム力があるチームは必ずチームとしての約束事を全員が守っています。チームとしての約束事とは実際の動き方です。言葉でいくら言っても、動きが伴わないとチーム力は強くなりません。代理店においても同じだと思います。動き方の約束を決め、全員がそれを守る事ができるというのがチーム力の高い代理店だと思います。

標準営業活動で定めている活動のやり方は、枠決めに近いレベルでスポーツの動きほど具体的ではありませんが、それでも、案件の選び方、準備のポイント、面談のポイントについては約束事を決めています。振り返りでは、約束事のとおりに活動したかどうかを確認します。約束事の縛りが緩やかですので、振り返りで追い詰めたりすることはありませんが、気づきやすくなることは事実だと思います。このレベルでも、チーム力を強くすることに標準営業活動とコーチングが役立っているのではないかと思っています。

そして、チーム力は間違いなく代理店の生産性を上げていくのです。

〈コラム〉データ分析のおもしろさと難しさ

標準営業活動の実績や評価を行うときに使っているやり方は、データ分析というやり方です。私はデータ分析の専門家ではないので、データ分析そのものについて語るだけの情報は持っていませんが、それでも統計分析技術を使って仕事をしているので、データ分析の何がおもしろく何が大変かを、自分の経験に照らし合わせて語ることはできます。ここで紹介するのは自分の経験から感じていることです。

私がデータ分析はおもしろいと思った最初は今から20年ほど前のことです。当時私は前職の保険事業部の営業企画を担当していました。営業企画の主要な仕事の一つに、事業部の戦略立案のもとになる、市場の中での自社の立ち位置を調べることがありました。私は、自社の商品が保険会社にどのように受け入れられているのかを、商品ごとの売れ行き推移を使って調べました。商品はハードウェア、ソフトウェア、サービスから構成されており、それぞれがさらに細かく分類されています。それらの商品の詳細な年度別の売上げ推移や、年度別シェアを、時間をかけて調べました。そして、得られた結論は「サービスの伸びが最も大きく、保険会社はサービスを受け入れることに前向きになっている」というものでした。この調査結果をもとに、その年からサービスに力を入れることになり、経営資源をサービスに集中しました。その結果、事業部の売上げは5年で2倍になりました。

このとき、多くの営業部長は事業部の売上げが伸びないのは環境のせいだといっていましたが、データが言っているのは経営資源の配分が市場の動きと合っていない、ということでした。「データはクールに事実を見ている」ということを感じ、データが語ることに謙虚に耳を傾けた方が正しい判断ができる、と実感しました。

このとき以来、現状を認識する場合は、極力、データが何を言っているのかを調べることにしています。データが言っていることを理解するためには、初歩的な統計分析の知識が必要なので、最低限の勉強をしました。幸い、現在のエクセルは統計分析手法を関数で持っているので、分析する時間は短時間ですみます。

次にデータ分析の力を実感したのは、代理店の活動と生産性の関係をデータで表すことができたときです。このときは、漠然としてですが、事務がしっかりしている代理店は生産性が高いとか、情報提供を行っている代理店の生産性が高いと思っていましたが、そのことをデータで表すことはできていませんでした。*

＊拙著『保険代理店の「戦略的事務構築論」』49ページに具体的に記述しています。

代理店の活動を分類し、それぞれにレベル付けを行い、代理店の社長に自己採点してもらう、ということを1年以上かけて行い、統計分析をしたところ、代理店の活動の中で10個の活動が生産性と強い関係にあることが分かったのです。もちろん先ほど述べたことも入っていましたが、全く予想と異なるものもあったり、予測もしていなかったものが入っていたりしましたが、この結果は今でも正しいのです。

その後も、仕事の中でデータ分析を使い、直感とは異なる現状認識をたびたび経験していますが、データが言っていることは、正しく分析を行えば直感よりも正確だということです。

というわけで、データ分析に入る前は、魔法の扉を開くようなワクワクする緊張感をいつも持っています。

今回、標準営業活動の実績を分析するときも同じでした。データ量やデータの精度から、この分析には1週間ほどかかるということが分かっていましたので、それなりの覚悟をして分析しました。

データ分析でやっかいなのは、データの精度です。国のＧＤＰにおいてもデータの精度を云々されるくらいですから、データの精度をある水準にまで持って行くことは大変な作業なのです。まして、営業活動をデータ化するというわけですから、そのデータの客観性が保たれているかどうかは、データ分析の結果に大きく関わってきます。

５年間標準営業活動を行って、実績評価を直近の1年に絞ったのは、以前はデータの精度が低かったからです。活動を測る項目にバラツキがあったり、活動をデータ化する基準が時に変わったりと、データの信頼性が低かったのです。それでも、定期的にデータ分析を行い、結果でデータの精度を確認し、少しずつ改善していき、ようやく納得できる水準のデータにすることができたと思っています。

標準営業活動のデータは、活動状況表に記録されたものですべてです。振り返りは、記録されたデータが、データの定義通りに記録されているかどうかを確認する作業です。すなわち、データの精度を上げるためのものです。

こうやって得られたデータですが、分析に耐えられるように整備する作業も大変です。分析作業の大半はデータ整備です。データ分析を始める前の緊張感の中に、若干のうんざり感があるのですが、それはデータ整備作業があるからです。データ整備作業で難しいのは、データをどう整備するかということです。データはバラバラに存在しますので、整備方法を決めないと使い物になりません。この整備方法を決めるというのが相当の集中力を要する作業なのです。数回のトライアンドエラーを繰り返し、整備方法が見つかります。今回は3、4日かかりました。整備方法が決まるとあとは根気よく整備していきます。単純作業に耐えられる体力があれば問題ありません。

整備が終わるといよいよ魔法の扉を開けるときがきます。データ分析そのものは時間もエネルギーもかかりません。エクセルの関数を使用すれば結果がすぐに出ます。出た結果をもとに、なぜこういう結果になったのかを考え、さらに分析を続けるわけです。夜中に新たな分析方法がひらめくこともあります。

今回は昨年9月に1回目の分析を行い、そこで見つかった成約率と活動レベルの関係をその後の振り返りで確認していきました。その結果、見つかった関係は有効であることを体感し、体感したことを再びデータが語るように分析を行ったのです。

結果として、新たな関係の発見もあり、期待通りの成果が得られたと評価しています。おそらく、これからの標準営業活動のコーチングは、より安定的に成約率向上を実現するだろうと予想しています。

第6章　保険代理店の価値を上げる――顧客情報――

1　顧客情報への取り組み

顧客情報への関心を持ち始めたのは今から30年ほど前です。欧米でＣＲＭ（顧客関係管理）が最初のブームになった頃です。当時私は前職で保険事業部の営業企画に所属しており、海外の情報を仕事として取り入れることができていました。

米国ＩＢＭが顧客情報システムのセミナーに参加するという情報を得て、セミナーに参加することにしました。このセミナーの内容は、私が期待していたものとは大幅に異なり非常にがっかりしたものですが、今になって思うと妥当なことだったと思います。そのことを説明します。

セミナーの内容は最初から最後までアルファインデックスシステムのことでした。アルファインデックスとは日本語で氏名索引（名寄せ）になります。意味は、複数の契約を契約者単位に集める方法です。当時日本では氏名索引と言えば、生保の契約限度額チェックに使っていました。機能としては似ていますが、アルファインデックスはこの機能をＣＲＭ（顧客関係管理）の基盤に使うという目的でした。

欧米の人の名前は、同じ人でも複数の表現を持っています。一つがニックネームです。ロバートがボブになったり、エリザベスがリズになったりします。このニックネームは公式の書類でも使われます。保険の申込書でも、あるときは正式な名前、あるときはニックネームとバラバラです。ニックネームに加えミドルネームがあります。ミドルネームは申込書に書かれることもあり書かれないこともあるのです。

アルファインデックスとは、同一人が持っている複数の表現をすべて使って、契約が同一人のものであるかどうかを探し出すシステムです。このやり方には膨大なアルゴリズムがあり、どういうアルゴリズムを使えば効率的にかつ精度を上げることができるかということを、そのセミナーでは延々とやりました。全くおもしろくないセミナーでした。こちらは、顧客情報を保険ビジネスでどう使うのかを聞きたかったのですが、その期待には100％答えてくれませんでした。

これが、顧客情報との出会いでした。残ったのはフラストレーションだけです。でもフラストレーションが残ったおかげで、今に至るまで顧客情報に取り組めたのだと思います。そういう意味では価値のあるセミナーでした。

ちなみに、アルファインデックスは今でも欧米の顧客情報システムの基盤になっています。日本ではその後、このシステムを名寄せシステムと呼んで、1990年代から開発が始まり、実務で使えるようになったのは2000年代の半ば頃からです。

さて、その後はフラストレーションを解消するために、顧客情報とは何か、保険ビジネスにおける顧客情報の価値は何かということを、機会があるごとに探しに行きました。保険の識者でマーケットに関する記述を行っている人や、米国IBMでそういう研究を行っている人とも情報交換を行いましたが、期待していた情報に出会うことはありませんでした。

1994年頃、広島の代理店ボアーズ*で行っている契約名寄せのシステムが、最初に顧客情報の価値を教えてくれました。契約一覧を作るためのシステムです。ボアーズについては前述していますので、どういうことをしていたかは割愛します。

＊本書86ページ「成功している代理店から学んだこと」の最初の事例。

ＩＢＭが独自に保険のデータモデルを開発したのもその頃です。ＩＡＡ（保険アプリケーションアーキテクチャ）と呼んでいました。保険業務の経験者とデータモデルの研究者が集まって、相当の投資をして作ったものです。このデータモデルの中に顧客情報も含まれていました。

ＩＡＡでおもしろかったのは、顧客情報の詳細度が非常に細かく、こんな情報まで定義するのかと思ったことです。印象に残っているのは連絡先と有効期間です。連絡先が無数にあるのです。連絡先には電話、住所、メール等がありますがそれぞれ複数持てました。また、それぞれの連絡先に連絡先の属性（自宅、会社、配偶者、知人等）を記録することもできました。当時はどうしてこんなに多くの連絡先情報を持つ必要があるのか分かりませんでした、今では電話も住所もメールも複数持っている人が多くなっていますので、環境の変化を先読みしていたのでしょう。

有効期間とは、データはいつまで実務に使えるかということです。このデータモデルでは、データの更新を行わないのです。使えなくなったデータは有効期限を超しているとするのです。これはすばらしい発想だと思っています。少し専門的になりますが、このようなデータの持ち方は従来のデータベースでは難しく、リレーショナルデータベースでは簡単に持てるのです。

このようにして、バラバラに、少しずつですが顧客情報について情報が集まってきました。

顧客情報とは何か、どういう価値があるのかを実感するようになったのは、代理店の実務を調べるようになってからだと思います。代理店で事務担当者や営業担当者の仕事のやり方をヒアリングしていくと、こういう風に顧客情報を使うのかとか、なぜこの仕事で顧客情報を使わないのか、ということを考えるようになったからです。

代理店の事務が、顧客事務と計上事務（商品規定による事務）から成り立っていることに気づいたのが最初の手がかりでした（本書第2章3項）。代理店の事務は顧客事務の方が多く、計上事務には商品規定という標準があるが、顧客事務は代理店の経験によって行われているので、標準がないということも分かりました。顧客事務で使う顧客情報もある程度特定できるようになってきました。

そういったことを情報発信しているうちに、保険会社と一緒に、代理店の事務効率化と事務担当者の戦力化を行うようになりました。この活動で、それまで漠然としていた顧客情報を正確に定義できるようになりました。顧客事務に使われている顧客情報を特定できるのです。代理店の事務効率化と事務担当者の戦力化が見えてきたので、顧客接点活動における顧客情報とは何かに焦点を当てました。この活動は今も続けているものです。顧客接点活動の大半は営業活動です。そこで使われている顧客情報で、営業活動の生産性向上に役に立っている情報を集めると、顧客情報の新たな特定を行うことができます。現時点における顧客接点での顧客情報は、顧客事務に使う顧客情報に加えて、顧客の属性を表すものです。具体的に何かということは別途説明します。

このようにして顧客情報に取り組んできましたが、顧客情報は代理店活動の基盤だと思っています。別の言い方をすると「宝の山」だということです。お客様から信頼を勝ち取り、販売しなくても自然に増収できるおおもとなのです。

2　顧客情報の現状

私は顧客情報に長い間（約30年）取り組んできました。そういう経験を通して、保険における顧客情報の現状はどうかという話をします。

顧客情報への取り組みは遅れています。ようやく出発点に来た、というところです。遅れている理由は明確です。

顧客情報は代理店主導で取り組まなければならないのです。その代理店に、顧客情報に取り組むだけのゆとりができてきたのはここ数年のことです。また、個別の代理店が個別に取り組んでもたいした成果は上がりません。何らかの枠組みを代理店とは別のプロが作ってあげなければ進まないのです。それがようやく現れてきたということです。

保険会社では顧客情報には取り組めません。このことが長い間、私には分からなかったのです。私も保険会社は、顧客情報は自社で取り組まなければならないと思い込んでおり、代理店は保険会社で定めた顧客情報を活用すればいいと、長いこと考えてきました。しかし、実際は顧客情報とは何か、どうやって顧客情報を使えばいいのかということは、保険会社には分かりませんし、今後も当事者としては関われないのです。顧客情報は顧客接点で仕事をしている組織でしか、当事者になり得ないものなのです。

このことは、顧客情報とは何かを説明するなかでに明らかになります。保険会社が持っている経験や情報では、顧客接点に際して使う顧客情報を特定したり活用したりすることができません。

顧客情報の活用が遅れている理由は今まで述べてきたように、顧客情報に取り組めるだけの環境ではなかったことと、保険会社が提供してくれるだろうと代理店が期待していたことにあります。

それでは、今が顧客情報の出発点だということはどういうことなのかを説明します。

まず、代理店が更改活動に追われなくなったことです。この10年の事務や商品やシステムの変化で、更改の事務作業活動は著しく削減しました。10年前は事務も営業も更改活動に追われていて、何か新しいことを考えるゆとりがなかったのです。いまは、多くの若い代理店経営者は、多くの情報を得ていますし、多くの情報提供者と日常的に付き合っています。ゆとりができたことの表れの一つです。

次に、顧客情報の枠組みを提供する第3者が現れたことです。その例がＳＦＡ（営業支援システム）です。このシステムは営業活動に必要な情報を定義したり、記録方法を提供したり、活用方法を用意したりします。また、グループウェアも枠組みを提供します。グループウェアはもともとチームでの情報共有を目的としたものですが、チーム構成員のスケジュールを共有することから、活動の記録を行う機能が追加されたり、進捗状況を管理したりする機能が続々と追加されてきました。しかも、代理店が手を出せる価格設定と、代理店でも使いこなせる操作性でその活用が広まっていきました。

さらに名寄せを支援するシステムが洗練されてきたということです。名寄せシステムはさすがに保険会社がもっとも強いとみています。保険に特化していない一般的な名寄せシステムでは、保険ビジネスの名寄せは難しいでしょう。名寄せはその業界の業務内容に依存しますので、保険における名寄せは保険会社がもっとも強いのです。この名寄せ支援システムで、代理店の名寄せが急速に普及してきました。

最後に、顧客情報の価値を代理店が認識し始めたことです。名寄せ、連絡先、対応履歴、先日付け異動といった情報は、代理店の顧客事務の質を著しく向上させます。質が上がったことはお客様の反応ですぐに分かります。この体験が代理店の顧客情報に対する認識を変えようとしています。

以上が、今こそ顧客情報が出発点に位置していると考える理由です。すべての情報はたくさん使われて初めてその価値が上がっていきます。情報の持ち方や鮮度や詳細度も使用経験によって変わってきます。したがって、これから述べることは、顧客情報が、実務においてもっと機能するようになると変わる可能性があります。しかし、おおもとになる考えが20年前のＩＢＭのデータモデルからそれほど変わっていないことを考えると、これから説明する内容も大きくぶれることはないという気もします。

いずれにしても、顧客情報は黎明期で、普及期ではありません。早く活用方法を身につけることが武器になるのです。

3　顧客事務における顧客情報

(1) 名寄せ

名寄せは顧客情報の基盤です。名寄せができていなくても、顧客事務や営業活動はできますが、品質は著しく落ちます。

名寄せは決して易しくありません。すでに紹介したとおり、顧客情報管理システムの最初は名寄せシステムでした。当時も今も、名寄せシステムは保険会社が提供している枠組みで行われています。

保険会社は、名寄せの責任は代理店にあると思っていますが、今や保険会社にも名寄せ機能は必須になってきました。それは２００５年頃に起きた不払い問題への重要な解決策だからです。名寄せがきちんとできていないと、不払いはいつでも起きうることを保険会社は体験しています。生保も損保も同じです。したがって、保険会社は名寄せの枠組みを提供する必要に迫られているのです。

名寄せは急速に普及してきました。10年前に調査したときには、名寄せを行っている代理店はごくわずかでした。その頃の名寄せは紙ファイルでの名寄せでした。顧客ファイルというファイルを用意して、その中にお客様の情報をすべて入れるというやり方です。もちろん優先度が高いのは契約者の申込書控えを入れることです。

当時多くの代理店にヒアリングをしましたが、顧客ファイルを持っている代理店は少数派でした。私がヒアリングした代理店は先進的な代理店でしたので、一般的な代理店を含めると、顧客ファイルを作っている代理店はきわめて少なかったと思われます。

名寄せが急速に普及してきた理由は、保険会社の名寄せシステムの機能向上にあると思います。名寄せシステムは、契約者名、生年月日、住所、電話番号等で名寄せをします。このロジックは10年前も今もそれほど変わっていません。大きく変わったのは、名寄せしたあとの精度向上作業です。システム名寄せは膨大な泣きわかれと重複を作っていました。詳しいことは省きますが、代理店にとってみると作業負荷が著しく増えるシステムだったのです。

現在は精度向上のための機能が用意されたり、使い込むことによって補助機能が追加されたりして、作業負荷をそれほど増やさなくても業務に使える精度を実現できるようになりました。このことが名寄せの普及にもっとも役立っているとみています。

次に、名寄せが実務に役立つようになったことです。お客様からの照会への対応を始めとした、顧客事務にならなくてはならない情報になってきています。このあと紹介する連絡先や、対応履歴や先日付け異動などの前提条件になってきているのです。

とはいえ、名寄せ作業は負荷がかかります。生保・損保を取り扱い、複数の保険会社の契約がある場合、保険会社が提供する名寄せシステムだけでは名寄せができないことも多々あります。また、同一の保険会社の契約であっても更改や異動等で名寄せ作業が発生することもあります。

というわけで、名寄せは代理店にとってみるとコストがかかる作業なのです。したがって、契約事務で大幅に効率化を実現できないと、名寄せ作業を追加することができません。名寄せが普及してきたのは、代理店事務にゆとりができてきたのも大きな要因です。

名寄せは膨大な単純作業を伴いますので、短期的なパートを入れている代理店も多いです。それはそれで合理的な考えだと思います。ただし､責任担当の社員を置いた方がいいと思います。名寄せ全体に責任を持つ人です。名寄せ責任者は名寄せの精度に責任を持ちます。名寄せで使うデータ、氏名、生年月日、住所、電話番号は契約ロジックではチェックができません。最終的には人が確認する必要があるからです。

この確認作業をデータオーディットと呼びます。データの精度管理という意味です。このデータオーディットが、代理店の生産性に影響を与える活動の、トップ10に入っているのです。名寄せの責任担当を置いた方がいいという理由は、代理店の生産性に影響を与える活動だからです。

いずれにしても､名寄せが顧客情報の基盤になっていることが重要なことです。名寄せをきちんとやらないと、お客様に対する活動の品質を上げることが難しいということです。名寄せはコストがかかりますが、コストをかける以上の価値が生まれます。

(2)連絡先

前述したように、欧米の顧客情報システムは連絡先を細かに定義しています。最初は、なぜ連絡先をそれほど重視しているのか、と思っていましたが、ネット社会になって連絡先がたくさんできることに気づきました。普通の人でも、時と場合で連絡先を使い分けているのです。いまでは、スマホでも電話やメールやＵＲＬを複数個設定できます。

10数年前までは、住所も電話番号も固定的で、一つあればことが足りていました。さらに、保険会社と代理店の顧客接点に対する認識も異なっていたように思えます。代理店には、信頼してくれているお客様は黙っていても契約を継続してくれる、という認識が強くありました。したがって、お客様との連絡は更改のときだけで良かったのです。こういう環境だと連絡先の重要性はあまり認識されないと言えます。

10年ほど前にある代理店でヒアリングを行っているときに、お客様との連絡がなかなか取れない、電話がつながるまでに平均10回くらいかけ直してしまう、という話がありました。10回というのはオーバーでしたが、担当者の立場では、連絡を取るための作業ロスが相当あったものと思われます。そのときに、電話がつながった時間、つながらなかった時間を記録してはどうか、という提案をしました。二つの代理店が、1年間電話がつながったかどうかの記録を取り、翌年その情報をもとに電話連絡の時間帯を変えてみたところ、電話連絡できる確率が大幅に上がったというケースがありました。その話を多くの代理店にしました。今では数多くの代理店が電話連絡できた時間の記録を取っています。

顧客接点が重要になってくると、お客様との連絡先の重要性が増します。顧客接点の第一歩はお客様との連絡だからです。

連絡先には多くの情報が詰まっています。

自宅なのか会社なのか、公にしている連絡先なのか個人的な連絡先なのか、連絡できる時間帯はいつなのか、連絡するときに気をつけなければならないことはないか、という具合です。

連絡先は結構変わります。電話を変えたり、メールアドレスを変えたりということは日常的に起きます。法人の場合はより頻繁に変わります。そういう変化の情報（異動情報）をどう取り扱うかも決めておかなければなりません。

５年ほど前になりますが、ある企業代理店から顧客情報管理を行いたいという依頼がありました。目的は何か、という問いかけをしましたがこれというものが見つかりませんでした。そこで、当事者の方たちに集まってもらい、顧客情報で困っていることは何かを話してもらいました。その結果分かったことは、困っていることの大半が連絡先だったのです。法人には年に一度くらいの割合で、人事異動があります。案件に関わる人が変わったり、情報提供先が変わったりして、異動があってからの一定期間は作業に滞りが出るということでした。また、すべての法人顧客の異動を反映する方法が見つからず、連絡先を間違えてクレームを受けることも多いという話もありました。そういう異動情報はどうやって更新しているのかという質問にも、答えはバラバラでした。代理店側の部署によっても、お客様によっても、また担当者によっても異なっていました。つまり、連絡先の管理方法がルール化されていなかったのです。

連絡先をどのように決めるか、連絡先が変わった場合どうやってメンテするかは、それほど易しいことではありません。どんなにいいシステムを使っても、連絡先の保全には一定の作業が発生します。このことを理解して、連絡先の管理方法を決める必要があるのです。

連絡先だけを見ても、顧客情報の管理にはしっかりした検討と一定の管理作業があるということを理解しておく必要があります。顧客情報というのは比較的新たな管理項目なので、まだしっかりした標準ができていません。保険会社もこの経験は十分にありませんので、代理店が自ら解決しなければならない課題の一つなのです。

(3) 対応履歴

10年くらい前のことです。ある代理店を訪問したときに、社長が1冊のノートを手にとって「これがうちの宝です」と言われました。それは「連絡ノート」です。連絡ノートは、事務担当者がお客様とのやりとりを記録するものです。お客様から連絡があったことはすべてこのノートに記録するようになっています。書式は決まっていて、ノートには罫線が引いてあり、日時、担当者、お客様、用件といったことを記録するようになっています。

営業担当者は事務所に戻ると必ず最初に連絡ノートを見ます。ノートを見て、お客様との対応状況を確認してお客様に確認の連絡を入れるのです。これで、お客様の満足度が上がり、対応に漏れがなくなるということでした。営業担当者は連絡ノートを見たときに、必ず見たというチェックを入れることになっています。事務担当者はチェック欄を見て営業担当者と情報共有できているかどうかを確認できるわけです。

この代理店は連絡ノートでお客様の信頼度が上がり、継続率が良くなり新規も増えてきた、といっていました。

2009年のことでした。別の代理店を訪問したときも全く同じ話を聞きました。ノートの形式も同じでした。この二つの代理店は、九州と東北でかつ代申会社*も異なっていましたので、情報共有していたとは考えられません。おそらく、お客様からの信頼を重要視していた代理店の間では、「連絡ノート」が口コミ等で広く使われていたということだったのではないかと思われます。

＊代理店が法に基づき金融庁に登録申請する場合の代理人となる保険会社。

私は2009年から保険会社と一緒に代理店事務の効率化を支援していましたが、その保険会社の代理店システムの使用状況を目にする機会がありました。そのシステムは、代理店の担当者が行った画面操作をすべて記録する（ログを取ると言います）機能を持っていました。そのログを見ていると、あるときからそのシステムの対応履歴画面の使用頻度が、大きく上がっていることが分かりました。何があったのかと調べましたら、その時期に対応履歴に記録した内容を、一度のクリックで営業担当者にメールで送れる機能を追加されたことが分かりました。

その後、代理店が集まる研修会で、代理店の事務担当者に新しいメール機能を使っているかどうか尋ねましたら、半数ほどの代理店が使っていると答えてくれました。さらに、その機能のおかげで営業担当者との情報共有ができるようになり、連絡ノートをやめることができたとも話してくれました。

最近では、一般の会社のコールセンターも同等の機能を持っており、同じことを何回も言わなければならないということが減っています。担当者が変わっても、問い合わせ案件に対する継続的なフォローがなされていると契約者は感じるのです。それがそのまま、その会社に対する信頼につながるものと思われます。そういうふうに考えないと、多くの会社が一定の投資を行ってその機能を導入するはずがありません。経済的に合理的なのです。

今ではその保険会社の大半の代理店が対応履歴を活用しています。とくに一定以上のレベルにある代理店では、必須機能として使われているようです。

課題が一つあります。事務担当者から営業担当者に送る対応記録は問題ないのですが、逆の場合は徹底されていないということです。営業担当者、それも良くできる営業員の記録漏れが大きいと聞いています。そのような話を伺うと、その代理店は組織力が弱いと推定します。ルールを決めても日常業務で徹底されないということです。こういう代理店は継続的に生産性を上げることが難しい代理店です。

話が少しずれましたが、対応履歴は代理店にとって非常に重要な顧客情報です。別項でも述べますが、対応履歴は代理店の生産性を上げる、つまり新規契約につながる重要な情報なのです。

現在では、対応履歴は保険会社のシステムだけでなく、市販のグループウェアでも提供されています。代理店にとって使いやすい料金体系も用意されています。対応履歴が一部の先進的な代理店特有のものでなく、一般的な代理店でも活用可能だということです。

さらに、業法改正でお客様との対応履歴を義務づけられていますので、代理店存続のためにも必須の機能になってきました。対応履歴を充実することで、代理店の存続を図れるだけでなく、お客様からの信頼も得られますので、積極的な活用が望まれます。

(4)先日付異動、保険カレンダー

一緒に活動していた保険会社の代理店システムの使用頻度が、大きく上がったことがあるという話をしましたが、もう一度大きく上がったことがあります。その時期を調べると、アラーム機能を追加した時期と重なりました。アラーム機能というのは、将来行わなければならないことが予定されたときに、自分宛のメールを先日付で送ることができるという機能です。先日付というのは、たとえば来年の何月何日という日付で、自分宛のメールを出せるというものです。

直近のやらなければならないことは、ＴｏＤｏリストに入れておくことでもれなく対応できますが、将来的なことはメモに取るくらいで、結構忘れやすいものです。大事なことで、先の業務予定をもれなくと行うために必要な機能だと思われます。

この機能が追加されてしばらくすると、代理店システムの使用頻度が上がったのです。代理店を訪問するつど、この機能を何に使っているのか尋ねました。多くの答えは先日付異動への対応でした。先日付異動というのは、将来起きるイベントを指しています。たとえば車の買い換え、新築、結婚、出産、就職といったイベントです。こういうイベントは多くの場合保険の異動を伴います。アラーム機能を設定しておくと、イベントの起きる1、2か月前に自分宛にメールが来るわけです。そうすると、異動処理を代理店主導で始めることができます。この

効果が大きいのです。

お客様は、イベントは覚えていても、保険の異動を伴うということまで気が回りません。したがって、異動直前に代理店に緊急相談がくるわけです。代理店にとっては作業の中断につながりますが、異動を行わないと保険期間の空白が生まれますので最優先で取り組みます。作業の中断は代理店の事務効率化を妨げる大きな要因です。

代理店主導で異動処理を行うと、代理店は異動処理をスケジュールに組み込むことができますので、作業の中断がなくなります。さらに、代理店からお客様に異動の発生を連絡すると、多くの場合、お客様に感謝されます。代理店がそこまで情報を管理していることに対し驚かれるお客様も多いと聞いています。普通のお客様が代理店のファンになるのです。

私が話を聞いた代理店の多くは、アラーム機能を絶賛していました。すでに、今まで述べてきたことを経験していたと思われます。

アメリカの独立代理店協会が発行している代理店の事務レベル向上説明書に、代理店事務の最高のレベルでは、お客様の保険カレンダーが機能する、ということが書かれています。最初は何のことか分からなかったのですが、先日付異動を記録するということは、お客様の保険カレンダーの第一歩だと気づきました。

保険に関わるイベントは日常的に起きています。前述のライフイベントは代表的な例ですが、そのほかにも法人の決算、人事異動、拠点の拡大・縮小といったこともそうです。よく観察すると、個人であっても1年のうちに数回はこういうイベントが起きています。このようなイベントを記録しておいて、その都度お客様に連絡して異動処理を行うと、お客様の安心度が上がります。まさに、かかりつけの代理店になるわけです。

こういうイベント情報を集めることができるのは、専業代理店の特権だと思います。毎年の更改活動を通じてこのような情報を集めることができるからです。更改というのは、お客様も違和感なく会ってくれるすばらしい機会なのです。

先日付異動処理を含む保険カレンダーは、代理店の事務効率化に貢献し、お客様の満足度が上がり、お客様からの保険相談が増えるというすばらしいやりかただと思います。

将来のイベントを記録して、先手を取って活動を始めるという機能は一般的になりつつあります。市販のグループウェアにもあります。

このように、一昔前でしたら夢のようなことであったものが、現在では豊富に提供されるようになりました、この機能を生かすことができるかどうかは、代理店の顧客接点活動にかかっています。つまり、自力でできるわけです。

代理店の生産性向上に役に立つ機能を積極的に活用されることを望みます。

4　標準営業活動と顧客情報

標準営業活動のコーチングを本格的に始めて2年が過ぎました。この活動は今までに12代理店、50名以上の募集人、1000件以上の案件を行ってきました。1案件ごとに層別度、活動レベルを記録してもらい、振り返りでデータの精度を確認しています。

(1)標準営業活動の成果に影響を与える顧客情報は何か

当初の想定とは異なる結果も出ていますが、おおむね常識的な範囲になっているようです。

当初の想定と異なっていたのは、種目数、家族状況、訪問頻度、保険料の影響が少ないということです。これには理由がありました。それは、案件に選ぶお客様を信頼度と魅力度が高いお客様に絞っているということです。いわゆる重要顧客層に絞っているため、その中ではあまり差が出ないのだと推定しています。案件の中には重要顧客ではない層の案件もありますが、そのような案件の成約率はやはり低くなっています。対象顧客を広げていくと、信頼度・魅力度の影響が出るのかもしれませんが、今のところそのことを示すデータはありません。

常識の範囲内になっているのは、業績、資産、きっかけ、準備、面談のデータが成約率と高い関係にあるということです。このことは多くの保険営業に関する書籍や研究で示されていることと同じです。このことをもう少し深掘りしてみましょう。

きっかけは訪問のきっかけを指しますが、そのレベルは、「何となく」「重要顧客」「何かある」「相談があった」という順で高くなります。成約率が高いのは「何かある」「相談があった」というレベルです。同様に準備のレベルは「特に準備なし」「契約一覧作成」「契約内容の確認事項書きだし」「見積もり作成」という順に高くなります。成約率が高いのは「契約内容の確認事項書きだし」「見積書作成」です。この「何かある」と「準備」をきちんとすると、５割以上の確率で成約する、というデータが得られています。

「何かある」と考える理由は何でしょうか。多くの場合、保険リスクの変化とお客様の接触態度だと募集人は言っています。

保険リスクの変化とは、家族構成の変化、収入の変化、資産の変化が大部分です。これらの情報は層別データの家族構成、業績（収入）、資産の情報を適切に保持していることで分かります。このような属性情報を正確に集めていることが重要だということです。

お客様の接触態度とは、お客様との話題、お客様からの相談事、お客様からのクレームといった出来事で判断しているようです。このことを記憶しているか、メモを取っている募集人が、成約率が高いということです。いわゆる営業力のある募集人は概ねこの傾向にあります。標準営業活動においても、代理店主が「うちの営業員で優秀な人」を教えてくれることがありますが、おおむねこのような活動をしています。

それでは、普通の営業員はどうすればこのような情報を集めて、眺めることができるでしょうか。

(2)お客様の属性情報と対応履歴

お客様の属性情報というと曖昧ですが、少なくとも家族構成、業績（収入）、資産の情報は記録しておく必要があります。このような情報を得ていないお客様は、逆に成約にいたる確率が低いということになります。

対応履歴に記録しておかなければならない情報は、「会話のテーマ」「相談内容」「クレーム」といった情報です。こういった情報と現在の契約内容をじっくりと眺めることによって、「何かある」もしくは「何もない」という判断に結びつくものと思われます。

上記の情報の精度を上げるには一つの壁があるようです。それは、収入や資産及びその変化を聞き出すには、一歩踏み込んだ会話が必要になるということです。優秀な募集人は自然にこのことができますが、普通の募集人には一歩踏み込むということがなかなかできません。

この壁を破るポイントが層別化です。代理店に対して信頼度が高いお客様は、収入、資産、変化の情報を教えてくれる確率が高いのです。多くの募集人がおっかなびっくりで質問をしても、きちんと答えてくれるのです。振り返りでは、お客様がどの層にいるかによって、こちらの質問に答えてくれる確率が異なっていることを説明し、試しにこういう質問をしてみてください、というヒントを与えることにしています。すると次回の振り返りの時にその結果を教えてもらえますが、高い確率で価値のある情報を教えてもらっているようです。このような成功経験を積み重ねることで、徐々に要領を覚えていくのでしょう。

「何かある」と感じることは訓練することでレベルを上げることができます。その根拠は、標準営業活動を一定の期間以上行った募集人は、「何かある」という案件を選ぶ確率が高くなっているからです。このことはデータが語ってくれています。振り返りの場で、どうしてこのお客様には「何かある」と考えたのかを案件ごとに尋ねていますが、繰り返し考えることで顧客情報の処理のやり方を習得しているのだと理解しています。

顧客情報は成果に結びつくことで価値が大きくなります。成果とは成約とお客様満足です。

顧客情報とは定義が難しい言葉ですが、保険代理店にとっては今まで述べたような情報を顧客情報だと定義できると考えています。言葉が定義できると活動に無駄がなくなります。ということで、標準営業活動の基盤は精度の高い顧客情報であり、そこでいう顧客情報とは今まで述べてきた情報を指します。

5　顧客情報とＩＴ

ＩＴとは本来、情報の蓄積と活用を目的としたものです。したがって、顧客情報はＩＴで持つことで価値が上がるものです。

しかしながら、ＩＴが蓄えることができる情報は定義をしっかりしたデータに限られます。経験した方はお分かりになると思いますが、定義が曖昧なデータは情報としての価値がありません。

顧客情報はきわめて曖昧な言葉です。顧客情報保護法では「守るべき情報」の定義をしていますが、その定義は代理店の実務においてはほとんど意味がありません。また、他の業界においても顧客情報をそれぞれ定めていますが、その情報も代理店にとっては価値のない情報です。

つまり、顧客情報とは使う立場の市場によって異なるものだということです。したがって、保険代理店は、保険代理店にとって価値のある情報を定義しなければならないということです。

保険業界の顧客情報は、情報の定義が曖昧なままＩＴ化されてきました。１９９０年代に膨大な費用を使って開発された顧客情報システムは、ほとんど使われることなく消えてしまいました。わずかに、初歩的な名寄せの技術が残ったくらいです。

その後も、市販の顧客管理システムが市場に出回りましたが、状況は似たり寄ったりでした。逆に市販の顧客管理システムは名寄せの技術が乏しかったので、なおのこと価値を発揮できなかったと思われます。

その間、一部のシステム的発想を持った代理店が、自ら顧客情報システムを開発しました。このシステムは口コミで広がって、三桁のユーザーを得たシステムもありましたが、顧客情報の定義が広がるにつれて、普及の勢いは落ちていったようです。

この10年の間、保険会社が開発した代理店システムは顧客情報の枠組みを持っています。また、その枠組みの活用方法を研究して代理店に知らせた保険会社もあり、それは一定の効果を上げています。しかしながら、保険会社の代理店システムは計上業務の品質を上げることを最大の目的として開発されているため、代理店が日常的に行っている顧客事務や、営業活動に結びつく情報まで納めることはできていないように見受けられます。

個人的な考えですが、保険会社は代理店の顧客事務と営業活動に精通していないため、顧客情報を取り扱うことは難しいのではないかと考えています。事実、代理店システムは計上業務主体であるため、頑丈な作りをしており、新たな要件を付け加えることに膨大な人手を必要としています。また、データベース体系も固定的であるため、営業活動のような、情報の履歴、追加を日常的に蓄え分析するという業務には適していないと考えています。

それでは、顧客情報はどのようなＩＴで蓄えればよいのでしょうか。

まず、顧客情報をきちんと定義できなければなりません。たとえば、募集人とお客様の関係、募集人の活動とお客様の関係、顧客接点の記録、募集人やお客様ごとの成績等を簡単に入力でき、簡単に紐付けできるということです。

そのような定義ができて、それに適したＩＴを選ぶことになります。

ＩＴは日々めまぐるしく進歩もしくは変化しています。これから述べることはＩＴの変化によって変わる可能性があるかもしれませんが、大筋はそれほど変わらないと思っています。

近年、グループウェアが著しく機能を拡大してきています。もともとグループウェアはチーム活動を支援するシステムとして開発されており、個人のスケジューリング、連絡先、ＴｏＤｏの共有、稟議プロセスの管理、共有ファイルといった機能を持っています。この機能だけでも代理店の日常活動管理を支援することができ、早い時期からグループウェアを使っている代理店が結構あります。

近年のグループウェアは上記の機能に加え、活動の細分記録、活動の進捗管理、多くの切り口での集計機能を持つようになっています。たとえば、募集人のスケジュールに、お客様と会う目的をプロセスごとに記録することができます。更改なのか新規なのか、新たな案件があるのか、という面談目的から、現在どの段階まで進んで、お客様の反応はどうかといったことまで簡単な操作で記録できます。また、案件ごとの保険料収入の予定も記録できます。

このような機能により、募集人ごとの活動管理、案件タイプごとの進捗管理、案件タイプや募集人ごとの成績管理などが簡単にできます。いままでできなかった活動管理や成績管理ができるようになるわけです。それも、システムベンダーに頼まなくても、高い費用をかけなくても手軽にできます。

ただし、以前に比べて簡単にカスタムアプリを作るとはいっても、業務知識とグループウェア開発知識の両方が必要であり、この両方を兼ね備えた代理店は極めて限られています。したがって、現状はグループウェアの活用レベルは、グループウェア本来の機能であるチーム内の情報共有に偏っているようです。

保険代理店に焦点を絞った代理店システムを市販している複数会社があります。これらの会社は代理店の業務に関して情報を蓄積しており、業務ノウハウがあって開発力がある存在だと思われます。こういう会社が開発した代理店システムは、代理店独自の業務をシステム化しており、特定の業務に関しては代理店にとって使い心地のいいものだと思います。このシステムには代理店の業務に関する顧客情報を蓄えることができます。ただし、グループウェアに比べて使用料金は若干高いようです。

今まで述べたように、代理店には計上系のシステムと代理店固有の業務を支援する代理店システム（グループウェアを含む）が存在することが分かります。計上系システムのデータベースは契約情報、市販の代理店システムのデータベースは顧客および営業員情報を管理するようになるものと思われます。

まだ、標準的な活用レベルには至っておらず、ようやく顧客情報が使われ始めた段階ですので、どのような形に落ち着くか予測できないところがありますが、少なくとも性格の異なるシステムを使いこなす必要があることは間違いないと思われます。程度の差はありますが、投資が必要になると思われます。

6　顧客情報は宝の山

顧客情報はようやく保険代理店の間で、一定の活用が認められてきました。まだ黎明期ですので、今後大きく価値を上げるものと考えています。

現時点での顧客情報は、保険会社の代理店システムもしくはグループウェアで保管できるものに限定されています。限定されていても特段の問題は起きていません。それは、代理店の顧客事務や営業活動が黎明期だからです。

これまで述べてきたように、顧客事務に関してはデータが特定できるようになってきました。したがって、先進的な代理店においてはこれらのデータが、事務担当者にとって宝になっています。事務担当者の活動におけるお客様との関係が、データの量と質に依存するということです。

これに対し、営業活動における顧客情報は、まだデータを特定できるレベルではありませんし、システムでも明確に保管できるレベルでもありません。そのことを裏付けているのが、顧客の属性情報を蓄える箱がないということです。

家族構成はある程度蓄えることができますが、家族に異動があった場合の保管のやり方は定まっていません。いつ子供が結婚して別の家に住むようになったのか、その後子供の家族はどう変わっていったのか、ということをデータとして記録できるような構造になっていません。

同じように、勤め先、収入、資産、他社契約等も記録できる場所がありませんし、記録できたとしても異動の取り扱いは定まっていません。

システムを経験された方はお分かりだと思いますが、ＩＴシステムは現場の活動以上のことは開発できません。ＩＴシステムでできることは、すでに現場で行われていることを、繰り返し正確に行うようにする手助けだけです。したがって、上記の情報を蓄えるようにするためには、代理店の営業活動が、顧客情報を使うようにならなければならないということです。

私がコーチングしている代理店においては、いくつかのデータに大きな価値があることを営業員が認識するようになっています。

たとえば、企業の業績情報がそうです。業績の良し悪しの情報は、企業が保険に投資することに大きな影響を与え、この情報を持っているかどうかで、新規の契約に大きな影響が出るということです。

別の例では、個人の現行の医療やがんの保険内容があります。更新型の場合、更新時期になると保険料が大幅に上がります。現在発売されている医療やがんの保険は急速な進歩を遂げていますので、そういうお客様に対して納得できる提案を行うことができます。現行の医療やがん保険の情報を持っていると、ほぼ１００％の確率で新規の契約を得ることができるということです。

このような情報を活用し始めた代理店は、営業活動にとって価値のある顧客情報とは何かを体で認識することができます。そうすると何らかの形でそういう情報を記録します。

現在でも、できる営業だといわれている人たちは独自にこのような情報を自分なりに記録しています。そういう人たちにとっては、記録しているメモ帳などが宝の山なのです。

顧客情報はこういう形で徐々に蓄えられていくと考えます。近い将来において、このような情報を管理できるシステムが現れると思っています。すでにそういうシステムが存在していて、使い方だけが分かっていないということもあり得ます。

顧客情報が宝の山だということは、体験をした代理店だけが分かっていることかもしれません。しかし、普通の営業員が高い業績を上げるようになると、顧客情報の価値は多くの人たちに理解されていくものだと思います。まだまだ先行者メリットの大きな情報です。

第7章　より高い生産性を目指して

ここまで、代理店の生産性を上げる仕事のやり方について、事務効率化、役割変革、層別化、標準営業活動、顧客情報整備といった活動を、どのように実現したらいいかを私の経験を通して述べてきました。この章では、私が経験したことから感じている課題について述べたいと思っています。

いままでの業界の常識や文化とは異なった課題認識を持っていますので、異論があることは承知していますが、読んでいただければ幸いです。

1　生産性を代理店の経営指標にする

私が代理店の業務分析を始めた頃（2000年頃）、多くの代理店が目指していたのは、表彰会への連続参加であったり、代理店格付けであったり、規模であったり、手数料率であったりしました。名誉、達成感、優越感、金銭報酬といったものです。私も営業を経験していましたのでとくに違和感はありませんでした。これらの目標はすべて、代理店の保険料収入に対してのものです。これは今でも変わっていません。

そういう中で、代理店の生産性（従業員あたりの手数料売上げ）を指標にしようと思ったのはなぜか。

代理店の業務分析を始めて2、3年たった頃から仕事のやり方にはレベルがあり、高いレベルになると何かが良くなるはず、と体で感じていました。いったい何が良くなると仕事のやり方のレベルを上げる動機付けになるのか、ということをさらに数年考えました。数年もかかったのは、なかなかピタリとしたものが見つからなかったことと、見つかったとしてもどうやって関係づけを測れば良いのかが分からなかったからです。

最初は規模（保険料の大きさ）が良いのかと思いましたが、規模は代理店の吸収合併や増員といったことでも達成できます。仕事のやり方のレベルを上げなくても良いわけです。次に成長性を考えました。これも、規模の動きと関係しますし、年によるバラツキも結構大きいのです。継続的な指標としては適切ではありません。経営品質レベルも考えましたが、測定にそれなりのエネルギーを要し、どの代理店でも測れるわけではありません。

そうしたなか、生産性はどうか、と思い当たったのです。生産性であれば活動レベルと関係がありそうだし、測定も簡単だし、年によるバラツキも少ない、こう考え、生産性を指標にできるかどうか試してみました。最初は営業の生産性を念頭に置いていましたが、営業の生産性はあまり活動レベルを反映していない、ということが分かりました。運不運ということではなく、営業と事務の役割の違いが営業の生産性に大きく影響することが分かったのです。事務が営業の作業を吸収している代理店は営業の生産性が高く、営業の事務作業が多い代理店はそれだけ営業時間が減るので生産性が下がるのです。

最終的に営業も事務も含めた従業員全員の生産性で測るのがもっとも適切ではないかと考えるようになりました。人数の数え方も、パートや委任型の人数と、社員の人数とでは数え方が公平になるように工夫したりしました。

生産性を指標にすることを決めた後、どういう活動と生産性を結び付ければいいか悩みました。そういう時にバランススコアカードという考え方があることが分かりました。ご存知のように、バランススコアカードは財務、顧客、内務業務、成長のための投資という視点で組織の活動を整理するという考えです。活動間の因果関係を整理して、活動のレベルと財務指標との間の関係づけを見える化するというものです。

この考え方はまさに私が求めていたものでした。さっそく、それまで経験していたことを各視点におろし、どの活動が生産性に影響を与えるのかという調査を始めました。

２００５年頃に、１６０余りの代理店の情報を集めることができ、生産性と活動レベルの関係を統計的に確認し、きわめて有意で影響度の大きな関係を見いだすことができたとき、肩の荷が下りたような気がしたことを覚えています。拙書『保険代理店の「戦略的事務構築論」』（績文堂、２００６年）に少し自慢げにそのあたりの事情を書いています。


さて、それでは生産性を代理店の経営指標として使えるかどうかです。

ためしに、ヒアリングで訪問した代理店に生産性の評価を尋ねました。最初はなんだかよく分からないという顔をされましたが、あるときから生産性の目標を１０００万円にしたらどうか、という訊き方をするようにしました。これは予想以上に受け入れられました。とくに40代、50代の代理店経営主は目を輝かせて、生産性１０００万円は目標になるし強い動機付けとなります、と答えてくれました。

それからは、外部に発信する情報には必ず生産性が経営指標であることを訴えてきました。

私がT社と一緒に仕事をし始めたとき、T社には代理店の生産性という数字がありませんでした（見落としていたのかもしれませんが）。しかし、数年たったときに、公式に生産性の推移を代理店向けの文書の中に記載されているのを目にしたときは、時代が変わってきたのかな、と思いました。それまでは、T社内の人たちは生産性といわれても、何のことですかとこちらに訊いてきたのですから。

最近『地方消滅　創生戦略編』（増田寛也・冨山和彦、中公新書、２０１５年）という本を読んでいたところ、興味ある文章に出会いました。それは「医療や介護の生産性を上げ、……、夫婦で５００万円の収入があれば、子育てしながら暮らしてゆけます」（33ページ）というもので、そのあとはこのフレーズが何度も何度も出てきます。

このように具体的な、達成可能でイメージしやすい指標の提示が必要だと思います。

この本でも生産性を目標にすることを掲げています。「地方消滅……」でも、今までの対策は出生率を上げるとか、都会から地方への移住を促すとか、具体的に何をやれば良いのか、というイメージが湧きにくい目標を掲げていますが、このように生産性を上げて収入を５００万円にする、というのは行動につながるものだと思います。

中小企業診断士が書いている文章にも「一人あたりの粗利益」が中小企業経営にとってもっとも重要な数値だと書いてあり、その目標値は１０００万円近辺と書いてあります（東京メトロポリタン税理士法人、社長25h等のネットより）。一人あたり粗利益は保険代理店においては一人あたりの手数料収入と同じです。

私が生産性を経営指標にすることを進めている理由はもう一つあります。それは、生産性とお客様の評価には強い関係があるからです。代理店の生産性はお客様の単価に依存します。お客様単価はお客様の規模にも依存しますので、法人主体の代理店にはかなわないのではないかと思われる方も多いと思います。しかし、事実はこのことと生産性とはほとんど関係がありませんでした。また、都会と地方でも関係ありません。取り扱い種目（生保を含む）との関係は若干ありますが、生保主体と損保主体とでは関係はありません。日本では、どういう形態の代理店であっても、生産性１０００万円以上の代理店はまだ数少なく、代理店の属性で決まるということはありません。

お客様単価は、お客様の代理店に対する評価で決まります。

以上、生産性を代理店の経営指標とすることについての経験を述べてきましたが、結論はお分かりのとおり、生産性を最上位の経営指標にすべきだということです。生産性を目標にすることで、他者に頼らなくても自分の責任で活動を変えていくことができ、お客様や社員ともウィンウィンの関係を築けるからです。

2　専業代理店の最大の強みを生かす

15年前に代理店との本格的なお付き合いを始めたときのことです。先進的ないくつかの代理店の社長と話をしたとき、皆さんが同じような話をしてくれました。それは、専業代理店の生産性を阻害している最大の要因は更改に時間を取られることだ、ということです。私も長い間、更改の時間をいかにして圧縮するかが生産性を上げるポイントだと考えていました。この考えは、今でも部分的には正しいと思いますが、今では真逆のことを考えています。つまり「更改は専業代理店の最大の強みだ」というものです。

保険の営業でもっとも難しいのは、ドアノッキングとクロージングだといわれています。私が最初に読んだ保険のセールスの本は『私はどうして販売外交に成功したか』（フランク・エドガー、ダイヤモンド社、１９６４年）です。この本にはドアノッキングとクロージングの技術や意識を習得するためのやり方が、要領よく分かりやすく書かれています。

どのビジネスにおいてもドアノッキングとクロージングは最も重要でかつ相当の訓練が必要なものです。しかし、代理店の営業活動分析を行っているうちに、何か違うと感じるようになりました。それは、代理店の収入の95％程度はドアノッキングもクロージングも行っていないからです。お客様には更改だという名目で、ドアノッキング無しで会うことができます。クロージングも前年同条件で良いですね、で終わりです。ある程度の保険の知識さえあれば、誰でも更改営業ができます。

保険ジャーナリストの中﨑章夫さんは、このような営業活動のことを月光仮面型営業と呼んでいました。「疾風《はやて》のように現れて疾風のように去って行く」という意味です。こういう営業活動は営業ではない、ということです。

私も長い間、損保専業代理店は営業活動をしていない、何とか営業力を身につける方法を考えよう、と事務担当者の戦力化で営業員の営業活動時間を増やすやり方を実施してきました。この本で述べているとおり、現在は多くの代理店で事務担当者の役割が増え、営業員は営業活動に費やす時間を増やすことができるようになりました。

しかし、長年更改活動だけでやってきた営業員は、営業時間が増えても営業活動をどういうふうにすれば良いのか分からないという状況でした。

そのような状況で、普通の知識があれば特別の能力や訓練がなくても営業活動を行うことができるという標準営業活動を考えるようになりました。

そのことを考えているうちにあることに気がつきました。

それは、ドアノッキングやクロージングの能力がなくても、お客様は代理店の営業員に会うのになんら違和感がない、そして既契約の説明を受けることに抵抗感を覚えない、ということに気づいたのです。これはすごいことだと思いました。まさにコペルニクス的な発想の転換でした。

このことに気づかせてくれたのは標準営業活動の1件目の代理店で、事務担当者に現在の主要顧客への訪問の役割を持ってもらうことにしたときです。お客様は事務担当者に何の違和感もなくあってくれ、何の抵抗もなく既契約の説明を聞いてくれたことです。しかも、その面談の中で、4割のお客様が追加の契約を行ってくれたのです。

この経験はショップで成功した「保険の窓口」の今野元社長が言ってくれた言葉を思い出させました。「ドアノッキングを外せば保険の営業ができる人材はたくさんいる」ということです。

もう一つ専業代理店の強みがあります。それは更改活動で蓄積した顧客情報です。毎年更改訪問しているわけですから、何らかの顧客情報がたまっています。これはショップにない強みです。ドアノッキングとクロージングのテクニックがいらない、顧客情報がたまっている、この二つは他の業態にはない専業代理店のユニークな強みです。

まずこのことを意識しましょう。こんな強みは他を探しても見当たりません。

次にこの強みを生かしていきましょう。今までこの本で書いてきたことは、この強みを生かすことに役に立つと思います。

３　マーケティングセオリーを使う

私は会社生活の大半を自分の直観に頼って仕事をしてきました。そのことの限界を強烈に知らされたのは、入社30年たったころのことです。前述したとおり、このころＩＢＭが始めたマーケティングユニバーシティの卒業試験で、直観では見えなかった事実が、マーケティングセオリーを使うことによって霧が晴れるように見えてきたことです。自分は直観頼みの人間だったということを強烈に感じました。このあとも、直観に頼って仕事をすることが多々ありましたが、重要な現状認識が必要な時は、セオリーを使うように心がけてきました。そして、セオリーに従った現状認識がその後の推移で正しかったという経験を何度もしてきました。

ダニエルカーネマンの『ファスト＆スロー』（早川書房、２０１４年）という本に、人は自分の経験をもとに、自分にとって合理的な仮説を信じる傾向が強い、ということをこれでもかこれでもかというくらいに繰り返し説明しています。私だけでなく、多くの人がセオリーよりも直観頼りの人生を送っているのだということです。

セオリーというのも経験から生まれてきたものですが、一人の経験だけでなく何万という経験をもとに、共通要因を見つけたものですから、直観よりもはるかに客観性があります。しかし、直観にとっては都合が悪かったり、理解することがむつかしかったりと、日常生活でセオリーを使うことはあまりないようです。

2回目にセオリーの威力を実感したのは、この仕事を始めて5年ほどたったころです。代理店の業務分析を行っているうちに、仕事のやり方と業績との間には関係がある、ということを実感していましたが、どういう風に表せばいいのか模索していました。数年間いろいろと試しましたが、どれもうまくいきませんでした。そのころ、リングの会アドバイザーの長忠さんからいくつかのセオリーを教えてもらいました。その中に、ＢＳＣ（バランススコアカード）とＣＭＭＩ（組織力測定方法）がありました。参考文献を読んで概要を理解し、それまでの経験をこのセオリーを使って見える化しました。驚いたことに、それまで霧の中だった状況が、このセオリーを使うと合理的にまとめられたのです。夢中になってそれまでの経験をこのやり方でまとめました。そして、このセオリーの正しさを、データを集めて実証することができました（拙書『保険代理店の「戦略的事務構築論」』）。

これらの経験から、セオリーによる現状認識ということを心掛けるようにしていますが、それでもなお、ともすれば直観に従いたくなるのは、ダニエルカーネマンがいっているとおりです。

でも、セオリーの効果を知っているだけでも役に立つことがたくさんあります。

例えば、事務担当者が一定の期間の経験で一人前になることを実感していましたが、これは成長曲線で説明できます。

また、新規をたくさん取っている営業マンがセールスをほとんどしていないということも実感していましたが、これもＣＲＭ理論で説明がつきます。今の市場は販売者と顧客との関係が購買行動に最も影響があるということです。

こういうことが分かってくると、仕事で経験していることに多くの疑問が湧いてきました。多くの代理店がセオリーとは違った行動をしていること、保険会社の営業戦略の多くがセオリーと異なっていることがその中でも最大のものです。

セオリーと異なった行動をすることの最大のデメリットは、ロスが多いことです。ロスとは時間の無駄、お金の無駄、エネルギーの無駄、そしてモチベーションの低下です。全くもったいないことをしていると感じました。同時になぜセオリーを使わないのだろうかと思いましたし、今も思っています。

その典型的な事例は層別化です。市場の構造を分かりやすく説明できる層別化のやり方がいくつかありますが、その中でも市場ポジショニングという層別化は多くのグローバル企業が採用しているやり方です。ＧＥの選択と集中、ＩＢＭのロイヤルカスタマーへの経営資源集中は典型的な事例です。

実際に層別化を実施した代理店では目に見える効果を出していますが、まだほとんどの代理店ではこの逆のことをやっていますし、保険会社の施策の多くもこのことと逆のことをやっています。

『ファスト&スロー』には、人は自分の信念とセオリーのどちらを使う傾向が強いかということを様々な実験を通して明らかにしていますが、それによるとやはり信念に傾きやすいということです。しかし、同じ実験によると、現実は信念よりもセオリーに従った結果になるということです。この本の中では、「重要な決断をするときはセオリーを踏んで行ったほうがいい」ということを繰り返し述べています。

面白いことに、信念重視は日本だけでなく世界中がそうだということです。

それだけに、セオリーをうまく使うということは、それだけで競争優位になることを意味しています。いわゆるマーケティング理論には現在の市場の動きを合理的に説明できるセオリーがたくさん紹介されています。基本的なところだけでも実務から多くのロスを減らしてくれます。セオリーをうまく使われることを期待しています。

4　スペシャリスト制度を広める

ＩＢＭでは、20年ほど前からスペシャリスト制度を取り入れました。スペシャリスト制度とは、ある分野において経験やノウハウを蓄積している人を、肩書きや給与等で処遇することを言います。スペシャリストの最高のポジションは役員です。

どういうスペシャリストがあるかというと、ＩＴ会社ですからＳＥ、プロジェクトマネジャーは当然いますが、マーケティングや営業のスペシャリストもあります。要するにその道のプロだと認められている人たちです。

なぜスペシャリスト制度ができたかというと、市場（お客様）がスペシャリストを望んでいたからです。自社に来てくれる営業やＳＥや技術者に一定のスキルある人がほしいというのは、どのお客様も同じです。そのときに肩書きにどのくらいのスキルレベルかが明示されているとお客様は安心するわけです。

スペシャリスト制度は社員に歓迎されました。いままでは、スキルを認めてもらっても、管理職にならない限りは昇進も昇給もなかったわけですから。社員のモチベーションが大いに上がったことを記憶しています。

この15年、代理店を対象にした業務分析や営業コーチングを行ってきて感じることは、代理店がスペシャリストを望んでいることです。それも、強く望んでいます。

代理店が困っていることの大きなものは、社員の育成、事務の効率化、営業の生産性向上です。こういう状況ですから、私のような外部の人間にも支援の機会があるわけです。

残念なことに、現状はこのような要望に応える組織はありません。

保険会社は自社の専属代理店に対して、一定のスキル支援を行っていると思われているかもしれませんが、残念ながら代理店の要望レベルを満たしていません。商品知識を支援する研修はありますが、従業員を育成する研修は限られており、代理店のニーズと合っていません。事務効率化に関しても計上事務の品質向上の支援は積極的に行っていますが、代理店事務の大半を占める顧客事務に関しては、支援するためのスキルもノウハウもありません。営業に関しても状況は同じで、市場が成熟しているにも関わらず、相変わらず飛び込み営業や売り込みのやり方を支援しています。お客様のニーズとは全く合っていませんので、多くの新採用者が脱落して行っています。

唯一、新しい動きとして、代理店の事務プロセスを幅広く支援することに大手保険会社が踏み出しています。多くの代理店がこのことを歓迎しています。

なぜ、保険会社がスペシャリストを自社で提供できていないのか、保険業界にかかわっている外部のスペシャリストと話す機会がありましたが、私と同じように、保険会社のジェネラリスト志向の強さが、スペシャリスト制度を阻害している、という意見でした。

ジェネラリスト志向とは、支社や部課を異動することで、広範囲のスキルを身に着けることができるというものです。スペシャリストが比較的狭い範囲で深くスキルを身に着けるのとは対照的な考えです。

保険会社には、１００年に及ぶ歴史があり、その中ではぐくまれてきたジェネラリスト志向はそれなりの価値を持っていますが、市場はスペシャリストも求めているということを理解する必要があると思います。

なぜこんな事をいうのかといえば、それは現在の代理店支援者はほとんどが個人もしくは数人の組織で事業を行っているため、限られた代理店しか支援できないからです。

現在、多くの代理店は身銭を切ってでも支援を求めています。成熟期の業界というのは、成長を維持するための投資が必要なのです。そのことを代理店は体で感じています。

スペシャリストというのは無手勝流でできるものではありません。ある程度の基礎知識とセオリーや手法を使いこなした経験がないと、一貫性がある支援を続けることができません。医者や弁護士といった士業と同じです。したがって、スペシャリストの育成には一定の研修と期間が必要になります。個人レベルでのスペシャリスト活動の限界があるのです。

保険会社がスペシャリスト育成を行わない場合は、外部の組織がその役割を持つ必要があります。現在、いくつかの外部組織がこのような活動を行っていますが、まだまだ多くの代理店がその情報を手に入れるところまでは行っていません。何らかの、より組織的な動きが必要だと思っています。

その意味で、保険会社が自社内もしくはグループ内にスペシャリスト集団を作るのがもっとも早く、継続性があると思います。

ＩＢＭでは、ジェネラリストとスペシャリストを本人の希望もしくはそのときの環境によって移り変わることができます。スペシャリストであっても、組織をまとめ上げる力を持っている場合はジェネラリストになって、ライン業務を行うこともできるわけです。

同じように、保険会社においてもジェネラリスト志向という従来の伝統を維持しながら、新たなキャリアパスを追加すれば良いということです。

繰り返しになりますが、これからの保険業を支える多くの代理店は、自社のスキルアップを支援してくれるスペシャリストを強く望んでいます。保険会社がそれに応えることができない場合は、保険会社の価値が商品提供者、手数料支給者だけになるということです。

外部支援者の多くはスペシャリスト育成のためのカリキュラムをすでに持っています。保険会社がその気になれば、スペシャリスト集団を作る土壌があるということです。代理店の強いニーズに応えるためにも、保険会社の意識改革を望みます。

5　ＰＤＣＡをきちんと回す

専業代理店の共通の悩みの中で結構大きなものに、何をやっても定着しない、というのがあります。やろうと決めたのは良いが、いつの間にか誰もやらなくなり、決めたことすら忘れられてしまう、というものです。保険会社の人からも、代理店がやろうと決めるのは良いけど定着したためしがない、という言葉を聞くことはしばしばです。これはいったいどういうことなのか、また、実態はどうなのかを私の経験をもとにお話ししたいと思います。

まず、定着しないというのはかなり広範囲にわたって起きているようです。小さなことも大きなことも、やろうと決めたにもかかわらず、途中で続かなくなっていることが多いのです（ただしこれは、代理店固有のものではありませんが）。では、なぜ続かないのか。

一つ大きな事実として、振り返りが行われていない、ということがあります。せっかく決めたのは良いのですが、定期的に振り返るということを計画に入れていないので、やっているかどうか分からず、いつの間にか下火になっているということです。このことに気づいた代理店はＰＤＣＡを回す計画を作り、計画通りに振り返りを行っています。しかし、それでも定着しないことが多いようです。それはなぜか。

実際にその場に立ち会ったことは少ないのですが、どういう振り返りを行っているのか聞いてみると、どうも結果の振り返り主体になっているようです。活動のやり方を振り返っている事例はあまり聞いたことがありません。

私が経験していることから言えることは、振り返りを行っていないことと、振り返りが結果の振り返りになっていること、この二つが定着しない原因の最大だということです。

私も偉いことは言えません。私が行った事務分析や営業分析も、提言だけしてそのあとは何もフォローしていなかったわけですから。やはり、振り返りは定着のための必須要件だと思います。

近年は保険会社もこのことに気づき、代理店が経営計画を作るときのガイドとして、計画遂行のＰＤＣＡを入れることを強く勧めています。また、現場の担当社員も積極的に代理店のＰＤＣＡに参加しているようです。進歩だと思います。

それでもなお、定着しないケースが多いのは、どうもＰＤＣＡの回し方に問題が潜んでいると思います。

私も標準営業のコーチングを行うまで気づかなかったのですが、振り返りを効果的に行う（つまりＰＤＣＡを効果的に回す）には、一定のやり方がある、ということです。それは、振り返りのやり方です。振り返りは結果をチェックするよりも、活動のやり方をチェックするものだ、とした方が断然効果が出ます。そして、活動のチェックのやり方を決めるのです。

私の場合、１年ほどの試行錯誤のあと、ようやく振り返りでチェックするやり方が見えてきました。そしてその後、その通りにやるときちんと効果が出るようになりました。そのやり方とは、「最初に活動のルールを決めて、振り返りの時にルール通りにやったかどうかをチェックする」というものです。何ともシンプルなことでした。

そのことに気づいたとき私は、高校、大学のクラブ生活を思い出しました。サッカーをやっていたのですが、大学のクラブでいわれ続けたことは、基本動作通りに動いているかということでした。基本動作通りにやると九分通りうまくいき、残りの一部は運だ、ということです。そして練習中にみんなから基本動作通りにやっているかどうかをチェックされるわけです。基本動作は練習の中で何度も言われており、誰もがそのやり方を理解しています。だから、練習の中で、仲間から、基本動作通りに動いていたとか、今回はここがおかしかったというような指摘を受けることができるわけです。

スポーツもビジネスも同じようなことなのだ、と思いました。どうも人間というのはそのように設計されていると思っています。

一つ抜けていましたが、振り返りで重要なことの一つに、個人の振り返りに留めないで、全員で振り返るということです。個人でやっても個人の力量は伸びるのですが、これは属人的になってしまいます。代理店として定着させたいのであれば、個人ではなくチームで行わなければなりません。

（株）武蔵野社長の小山昇さんも『儲ける社長のＰＤＣＡの回し方』（中経出版、２０１５年）でいっておられますが、最初から完璧なＰＤＣＡなんてあるわけがない。最初はいい加減な計画で良く、実施したあとのチェックで少しずつ改善していけば良いのだ、ということです。そうするとＰＤＣＡの本当の効果が実感できます。

ＰＤＣＡをきちんと回せるようになると、代理店にとって重要な計画を回すことができ、改善を続けることができます。結果として代理店の生産性が上がります。組織力も上がり、社会的な価値も上がります。大切な知恵だと思います。

おわりに

最後までお読みいただだいた皆様にお礼を申し上げます。

この本はセオリーというよりも、私のつたない経験から何を考えるようになったかということに焦点を当てています。まだまだ未完成のやり方ですので、どうして尾籠はこんなことを考えたのか、ということを感じていただけるとありがたいです。

代理店の日常業務の分析を始めて15年になります。

最初に驚いたのは、日常業務の大半が保険の更改業務に追われていたことでした。しかも、そのうちの半分以上はお客様にとって価値の低い作業でした。そういう代理店が大半だった時代に、ゆとりを持って仕事をしている代理店と出会いました。そういう代理店は総じて生産性が高かったのです。なんとなくゆとりを持つことは大切なことだと感じました。

次にそういう代理店は、ゆとりを持ったあと何をしているのか調べました。そうすると、事務担当者がお客様に近い仕事に重心を移していることが分かりました。同時に事務担当者は、自分の役割に忠実であることも分かりました。役割の重要性を認識した経緯です。

さらに驚いたのは、一定の規模になった代理店の収入の大半は事務の力で稼いでいるということです。直接的には営業員がお客様から更改契約をいただき、その手数料が代理店の収入になっているわけですが、更改作業の多くは事務担当者の準備作業によって行われていました。事務担当者の準備作業ができていないと、更改落ちや契約の前年割れといったことになりやすいのです。事務担当者の力は侮れないということを実感しました。

そのうえでさらにに驚いたのは、顧客情報が全くといって良いほど野ざらしになっているということでした。前年度申込書はほとんどの代理店が大事に保管していましたが、コンタクト履歴、照会履歴、連絡先等は全く記録がなかったのです。これでどうやって引き継ぎを行うのだろうかと思いました。

そして最後に、営業員が我流で仕事をしており、社長は営業員の結果をチェックするけど、活動のやり方については何らチェックしていない、ということです。つまり、営業員の育成がほとんどできていないということです。代理店収入の大半は社長の保有契約によって成り立っており、営業員は少ない保有契約を自分のやり方で保全しているというものでした。

こういうことを体で感じだしたので、このことを見える化できないかと考えるようになりました。そのときに考えたのは、代理店の活動の中で、お客様にとって価値の高い作業に集中したらどうなるか、ということです。そういう考えが生じてからは、いろんなやり方で見える化に挑戦しましたが、長い間良い解決策を見つけられずにいました。

そのときに、ＢＳＣ（バランススコアカード）とＣＭＭＩ（組織能力の測定方法）に出会い、見える化に組込んでみました。その結果、驚くほど見える化ができたのです。びっくりしました。偶然ではないかと思ったのですが、事例の数を多くしても、統計的分析の結果は変わりませんでした。

我流でやるのではなく、世の中に広く使われていて洗練されたセオリーを使うことの大切さを身にしみて感じた次第です。

こういう経験をもとに代理店成長モデルの構想を打ち出しました（拙著『保険代理店の「戦略的事務構築論」』績文堂、２００６年）。この構想は多くの保険会社で注目されましたが、最終的には何ら具体的な活動には結びつきませんでした。

そのときに東京海上日動社が、自社で成功した抜本改革を代理店にまで広めたい、ということを考えていて、私の支援を受け入れてくれました。

５年の間この活動を行ってきましたが、非常に重要な成果を得ることができました。代理店成長モデルの有効性が証明されたのです。しかも、構想レベルではなく、実務的な数多くの事例を伴ってです（拙書『東京海上日動の抜本改革』績文堂、２０１３年）。

同社と一緒に行った活動は代理店成長モデルの、「ゆとりを作る」「事務力を戦力にする」「顧客情報を活用する」の三つで、残りの一つ「営業のやり方を変える」は残されたままでした。

私は前職ＩＢＭの経験から、層別化と営業のプロセス管理が営業活動の効率化につながると思っていましたので、それを代理店の営業活動に適用しようと思っていました。しかし、方法論は理解されましたが、実務上の適用にまでは至ることができず、課題として残されていました。

東京海上日動社との活動を終えたあと、私は積極的にこの課題に取り組みました。そこで初めて、営業活動を変えることができるのはコーチングしかないのではないかということに気づいたのです。二つの代理店で行った事例を元に、私なりにコーチングのやり方を決めてコーチング活動を行ってきました。いくつかの失敗事例はありましたが、活動のデータ化とデータの生かし方を学んで、かなり安定的なコーチングができるようになったのではないかと思っています。

この本は今まで述べてきたことを、ＩＮＳＷＡＴＣＨ《インスウォッチ》にエピソード的に書き連ねたものがもとになっています。冗長なところや偏見もあると思いますが、多くの方に「読んでいるよ」との声をいただき最後まで続けることができました。まことにありがたいことだと思っています。読んでいただいた皆様にお礼を申し上げます。

まだまだ代理店の生産性は上げることができます。代理店業を魅力的だと思う人は、まだ多くはなく、人の採用や育成に苦労している代理店が多いのですが、本書が、少しでも代理店業の魅力を高めることに貢献できると嬉しいです。

著者

尾籠　裕之（おごもり　ひろゆき）

1970年　日本アイ・ビー・エム（株）入社，保険業界担当営業所所属
1995年　同社，保険システム事業部営業企画担当
2001年　日本アイ・ビー・エム（株）退社
同　年　（株）保険システム研究所入社，取締役事業開発担当，常務取締役を経て
2009年　同社退社
同　年　（株）業務プロセス研究所設立

著　書：1996年「21世紀の保険システム」保険毎日新聞社
　　　　2000年「e-ビジネス時代と保険システム」保険毎日新聞社
　　　　2003年「ITが保険ビジネスを変える」INSPRESS/績文堂
　　　　2004年「超保険解体新書」（共著）INSPRESS/績文堂
　　　　2005年「保険代理店ITハンドブック」（共著）INSPRESS/績文堂
　　　　2006年「保険代理店の『戦略的事務構築論』」INSPRESS/績文堂
　　　　2008年「顧客接点と代理店戦略」INSPRESS/績文堂
　　　　2012年「超保険進化論」(共著)INSPRESS/績文堂
　　　　2013年「東京海上日動の抜本戦略」INSPRESS/績文堂
論　文　保険学会，共済総研，保険毎日，インスウオッチ等
講　演　1995年以降，損害保険研究所，日本アクチュアリー会，共済総合研究所ほか多数
連絡先　〒105-0013　東京都港区浜松町1－17－3
　　　　Eメール：ogomori@bplab.co.jp

保険代理店成長モデル——仕事のやり方で生産性が上がる

2017年1月20日　第1版第1刷発行

編著者　尾籠裕之
編　集　INSPRESS Ltd. 石井秀樹
　　　　〒227-0045 横浜市緑区若草台4-50
　　　　TEL&FAX 045-962-2861
発行所　績文堂出版株式会社
　　　　〒101-0051 東京都千代田区神田神保町1-64 神保町ビル402
　　　　TEL03-3518-9940 FAX03-3293-1123
　　　　E-mail：info@sekibundo.net
装　丁　小口　智也
印刷・製本　信毎書籍印刷

ISBN978-4-88116-904-9　C2034